霊と女たち

Sugiura, Tsutomu
杉浦勉

インスクリプト

霊と女たち　目次

霊と女たち

幻視する女たち——スペイン異端審問とジェンダー／セクシュアリティ

『宗教への問い5　宗教の闇』中沢新一ほか編、岩波書店、二〇〇〇年

はじめに

　スペイン神秘思想として分類される一連のテクスト群は、神あるいは神なるものとの合一の体験をめぐる記述という形態上の定義のもとに、近年にいたるまで、スペイン文学史における宗教的な局面を代表するジャンルを構成してきた。そこでは人間の精神が自由で無意識的に発露される修辞的なテクストとして、「文学史」への登録には留保を示されつつも、それらの言語がもつ詩学的な機能、すなわちイメージや隠喩を生みだし組織する高度な想像力という芸術的条件に基づいて議論が出発する傾向が支配的であった[1]。この状況にラディカルな変化をもたらすようになった理由は、ふたつ指摘できる。そのひとつは、フランスの精神分析理論の学者たち、ラカン、イリガライ、クリステヴァらによって、この文学のテクストが積極的にとりあげられ、精神分析と神秘主義との根源的な関係がおおきく浮上してきたという事実である。なかでもテレサ・デ・アビラをはじめとする女性神秘家たちの幻視体験は、「神秘の空間ならば、女性は自律性を獲得することができるのか、彼女は支配するのか、依存するのか、主体なのか、客体なのか」といった問題設定をつうじて、女性の主体性に固有の多くの重要な問題を提起することになったのである。(2) しかしながら、しばしば批判の動機とされることだが、こうした理論自体がもつ特定の歴史的かつ社会文化的条件への関心の希薄さは、テレサらが生きたスペイン十六世紀、あるいはそれに前後する――反宗教改革と呼ばれる――時代という具体的に提起される複合的な意味を、一切考慮することはない (Smith, 1992, p. 98)。

こうした文脈に呼応するようにして、特に九〇年代に入ってめざましい成果をあげているのが、異端審問所の裁判記録として保存されてきた膨大な史料の調査、研究である。これらの研究も、きわめて広範な問題設定と多様なアプローチから分類されるけれども、特に注目されるのは、テレサのように傑出した事例であれまったく無名の個人であれ、女性の幻視者たちをめぐるテクストを対象とした研究の著しい進展に他ならない。こうしたテクストは、しかしながら異端審問との関係性において、その内容も形式も錯綜した性質をもち、しかも当時の社会環境を考えるならば、それぞれ孤立したディスクールとして成立していた以上、女性を主体とするテクストとして容易にカテゴリー化できない要素を含んでいる。たとえば後述するように、テレサの自叙伝『人生の書』は直接そして法的な意味で、審問の対象となったわけではないが、彼女が「たえず異端審問の影のもとに生きた」(Weber, p. 3) 状況は多数の事実が証明するものであり、実際、スペインの近代初期に著作をのこした女性たちのほぼ半数に相当する尼僧たちは、テレサとおなじように、「みずからの正統性を証明するため、自分たちの経験が審査される」(Surtz, p. 1) 目的を前提として書いたと考えられる。さらに、テクストとしてのこされた文書についても、識字という問題から容易に推測できることだが、やはりテレサの場合のように、本人が執筆した事実が明白であるものと、(場合によっては複数の) 書記による口述筆記によって記録されたルクレシア・デ・レオンのような場合とがあり、一様に論じることのできない言説レベルが混在している。このほかにも、スペイン異端審問が標的としたのはコンベルソ (キリスト教へ改宗したユダヤ教徒とその子孫) であると一般には考えられているが、[3] ふつうのカトリック教徒やモリスコ (キリスト教へ改宗したイスラム教徒とその子孫) までが含まれる事実が判明しており、想像以上に複雑な宗教的かつ社会文化的な背景を抱えていることが理解できる。

しかし、異端審問と女性の幻視者たちとをめぐる関心がこれほど昂ってきたのは、何よりもそれが女性のテクストであるからだ。神秘体験において、女性は神という絶対他者と結びつくことによって、主体と客体という二項対立はひとつに融合し、区別を失うことになる。それは流動する諸差異の消滅という体験であり、ここにこそ、イリガライが神秘のディスクールについてのべたあまりにも有名な定義、「女性が公的なかたちで語り、ふるまう、西洋の歴史で唯一の場所」としての神秘空間が成立する。[4] それは同時に、家父長的な社会秩序のなかで最低の地位にある者が、幻視において、最も高められた地位に達する場所――「ディスクールには現前することのできない場所」(Franco, p. xv)――をも意味する。すべての幻視者が女性であるわけではないにもかかわらず、神秘体験が男性よりもはるかに女性にとって有意味な現象と考えられてきたのは、それが神という男性との合一をとおして成立する、すぐれて霊的である事実とおなじほどの強度で、セクシュアリティの場所である事実が解明されてきたからである。ここから、霊性とセクシュアリティとが複雑に混じり合ったこれらのテクストの構造と機能が由来することになる。

そしてこの場所の中心を占めるのは、幻視者という女性の身体に他ならない。この身体が「彼女が神によって霊感を与えられて理解したものを受けいれ、他の人々に伝達する手段」(Giles, "Introduction", p. 11) へ変容することで、特に権威の問題をめぐつて、幻視者たちの運命は困難さを増した。いうまでもなく、男性である神によって啓示された「ことば」から始まり、さらに古典古代をへてとぎれることなく継承されてきた権威は、女性にはジェンダーの境界において禁止されていたものであり、まさにここから、「直接、神に由来すると理解されえた幻視体験」は、女性が権威へいたるひとつの方法に転化する (Surtz, pp. 6–7)。その霊的な権威を確信する目撃者、あるいはすでにその体験の真理を信奉する者たちと、神学的な秩序に身を置く男性の聖職者たちとによって、それらの身体化した体験の認識は明らかにかけはなれたものになる。彼女たちの身体があるいは突発的な硬直を起し、不自然な姿勢の身ぶりを繰り返し、あるいは奇怪な人物と対話するその声が異様に響きつつ、エロス的な内容の体験を伝達することによって、彼女たちが異端審問所の嫌疑をつのらせるという傾向は、トレント公会議（一五四五―六三年）以降、「悔悛を目的とした告解室以外での女性によるセクシュアリティへの言及」（Giles, "Introduction", p. 12）にたいする懲罰というかたちで、かつてないほどの苛酷さを加えていった。この事実は、身体そのものが体験の正統性と異端性を保障するという意味で、幻視者たちにとっては明白な逆説を形づくることになるが、その一方で、幻視体験が霊性とセクシュアリティとの微妙に交錯した地点に成立することをも反映している。たとえば、以下の三者の事例が語るように。

テレサの心臓

主は、この幻視の時は、わたしがこのようにして天使に会うことをお望みになりました。その天使はおおきな方ではなく、むしろ小柄で、とても美しく、お顔がたいそう輝いておられたので、とても高いところにあらわれる、どなたも燃え立っているような天使たちのお仲間のようでした（…）天使は、両手で長い、黄金の矢をもっているのが見えました、その先端の鉄のところには、わずかに火があるようでした、天使は、わたしの心臓にいく度か、その矢を刺していました、矢は内臓まで達しました、そして矢を抜こうとすると、一緒に内臓もとり出してしまうようでした、わたしは神へのおおきな愛につつまれ、燃えさかっておりました。[5]（三八三―三八四頁）

テレサ・デ・アビラの自叙伝が彼女の聴罪師たちによる指導を成立の起源としてもつ事実は、このテクストについて論じるうえで、ほぼ不可欠ともいえる前提になっている。この事実は、自叙伝がテレサの死後まで出版されることなく、原稿は異端審問所に保管されていた事情と合わせて考えると、彼女がその執筆時に直接の読者として想定したのは、おそらく彼女の聴罪師や霊性に関わる助言者を務めていた複数の男性聖職者にすぎなかったとの仮説に導く。[6]こうした状況は、テクストの成立までの経緯をたどってみると、さらに鮮明に描くことができる。テレサが三十九歳だった一五五四年頃、彼女はごく具体的かつ個人的な意図から、みずからの霊的な指導者たちに向けて、いくつかの手稿を書いている。これらの手稿はその断片すらのこされてはいないが、自叙伝での言及から判断すると、ほぼ将来の伝記の草案のような内容をもっていたと推定される。いずれにしても一五六〇年には、他の助言者たちの同意も得て、ドミニコ会士ペドロ・イバニェス神父の指示によって、自己の人生に関する報告書を書くことになり、これが『人生の書』のオリジナルとしての初稿テクストと考えられる。ドミニコ会士ガルシア・デ・トレード神父に献じられたこの原稿もまた、現在ではまったく痕跡もない。しかしテレサはただちに新しい原稿の執筆に着手しているが（一五六二年頃）、それには異端審問官デ・ソト・サラサールとの彼女の霊的な不安をめぐる相談や、彼を通じて、当時聖職者の間で最も影響力のあった相談役フワン・デ・アビラとの会見を事前に通過している。原稿は提出先のガルシア・デ・トレード神父を通じて、イバニェスら聴罪師たちに回覧された。この原稿が彼らから高く評価されたことから、テレサは内容を整理し、形式も体系化して、最新の見聞も付け加えた写本を作り（これは記述の内容から推定して、一五六五年以降）、フワン・デ・アビラ師に送りとどけられることになる。これが今日『人生の書』として、われわれが読むことのできるテクストである。

決定稿の誕生までを概観することで強く印象づけられるのは、このテクストの成立には複数の男性の存在が濃密に関与していたとの事実である。これはテレサの原稿作成が教会という圧倒的な男性支配の制度の内部で進行した過程である以上、あまりにも正統的な状況であるのかもしれないが、記録された幻視者たちの多数と推測される例とは顕著に異なり、彼女のテクストが複数の（それも教会内部の）男性のディスクールによって参照され、影響をうけ、時には修正を強いられた可能性を示唆せずにはいない。そしてこれら男性聖職者たちの意識の底に潜在していた不安が、テレサにとってとおなじように、異端審問であり、当局による異端の嫌疑であった。一四八〇年、すなわちイサベルとフェルナンドによる連合王国が誕生し、スペイン国家統一への動きが加速したのとほぼ同時期に創設された異端審問制度は、すぐに宗教裁判所という装置としてスペイン各地で日常化してゆく。こうした過程に関する説明として、この制度を新国家の政治的一体化に不可欠の宗教的統一を強化する手段とする説と、コンベルソをユダヤ教に回帰させないことを主目的とする説とが有力であったが、最近ではコンベルソたちに宗教的正統性を保持させる使命のため、そして非改宗ユダヤ人追放の決定（一四九二年）のため、それらの基礎として潜在した反セム主義に焦点をおく研究も現われている（Giles, "Introduction", p. 2）。

しかし、テレサの神秘体験とその著作について考えるとき、異端審問は均質的な強度でスペイン社会へ影響力を行使したわけではないことを理解する必要がある。特に強調されるべきは、枢機卿シスネーロスの時代である。[7] 教会権力の最高位にあったこの人物が、「神秘体験一般ばかりでなく、特に女性の霊性をも擁護する姿勢をもつ守護者」（Surtz, p. 11）として、当時の宗教界に強力な改革を導入した事実は、異端審問の草創期という時期と正確に符合する。シスネーロスは聖書の一部を含めて、多岐にわたる宗教関係の文献をスペイン語に翻訳、出版する事業に援助を惜しまず、このなかには代表的な女性幻視者シエナのカテリーナの祈禱と書簡、フォリーニョのアンジェラの書物、「女性の熱狂」を主張したジェルソンの名さえ入っている。また一方では、修道院の大胆な改革に着手し、尼僧たちに教育面及び組織運営面において、かつてない権限と役割を容認した。数々の改革の結果、女性の幻視者はシスネーロスの時代に最も繁栄したとしばしば指摘されることになるが、その後訪れる宗教的反動の時代と比べると、その対照はあまりにもあざやかである。異端審問は本来の使命を果すべく、シスネーロス時代の終焉とともに、主として照明派など、異端の容疑のある教団や人物の弾圧にとりかかる。(8) 照明派は、統一的な教義をもたず、男女、聖俗の区別なく集まった信者の小グループが、家庭で聖書を読み、話し合うことから始まったとされる。その通称がしめすように、個人が聖霊の光に照らされることで、聖書を理解する力をもつというのがこの教団の信念であり、それによって教会制度は中心的な役割を失うことになるが、スペインの照明派が独特の性格をもつのは、支持者の多くがコンベルソであったという事実、そしてこれらのグループで中心的な役割をになった人物には女性が多いという点である。(9) そしてこれらの特徴は、まさしくテレサを異端審問へと結びつける可能性に他ならなかった。

しかし、近代初期のスペイン文化に与えたユダヤ人やコンベルソの重大な貢献を主張しつづけたアメリコ・カストロ以来、長い間信奉されてきた無意識の社会文化的要因としてのコンベルソという条件は、もはやテレサのテクストの解釈にとって不可欠の条件ではなくなっているし、一方では、照明派についてもその類縁関係が多々論じられてきたが、彼女がこの教団に積極的に関与していたとの可能性は希薄である。(10) そこで問題になるのは、以上にのべたような――テレサの生涯を枠づける歴史過程と正確に一致する——社会環境がその自叙伝に与えた意識的かつ無意識的な影響ということになる。自叙伝序文の冒頭という特権的な位置で、テレサは次のように書いている。「聴罪師さまたちから、主がお授けくださった恩寵と祈りのあり方について書くようにとのご指導と寛大なお許しをいただきましたので、わたしの犯しました深い罪の数々、そしていやしい生活について、こと細かにまた包み隠すことなくお話しさせていただくことを、どうかお許しくださいますように」。この書出しはすでにテレサのレトリック上の戦略を凝縮しているが、これはテクストの制度的な根拠を正統化するためにだけ、選択された導入部なのではない。そこには同時代の社会的役割として女性に課された従順、謙譲、ひよわさなどが過不足なくつめこまれており、そのかなめとなるのが「いやしい」という自己卑下を表わす形容詞である(11)。そしてテクストの本体に入ると、やはり冒頭で両親の賛美からはじめ、すぐに焦点は父親に移される。コンベルソである父親の徳の高さ、教養の深さを最初に強調することで、テレサは異端の嫌疑を先行して提出し、と同時にありうる告発に対抗するため、審問の内容を想定した解答を事前に作成しようとしたのである(Slade, pp. 66–69)。

さきに掲げた幻視体験の記述は、こうした文脈に位置づけてみると、霊的な合一としてのみ理解するには過剰なまでの表象にみたされている。トランスベルベラシオン(Transverberación)、言語超越現象とも呼ぶべき名高いこの幻視は、ラカンも言及しているベルニーニの彫刻でも示されているように、性的な体験と強く結びつけられてきた。天使の「矢」が男性のセックスの隠喩であるならば、テレサの心臓は女性のセックスであり、そして天使は「わたしの心臓にいく度か、その矢を刺してい」たとテレサは書いている。[12] そして引用した体験のあとで「何度もうめき声をあげるほど苦痛はおおきく、このおおきすぎる苦痛のためにやさしさがはげしく満ちあふれました」(三八四頁)と強調していることでも充分に示唆的だが、その先でテレサは、この体験が「あまりにもやさしい愛のふるまい」であったと結んでいる。ここで「愛のふるまい」(requiebro)という言葉が登場するのは注目に値する。近代初期を代表するスペイン語辞典として名高いコバルビアスの辞典によると、この語は隠喩としては男女間の恋愛関係へしか用いられることはなく、その意味は「恋愛の、〔女性を〕喜ばせる言葉」(括弧内は杉浦による)であるという。しかしさらに重要であるのは、この言葉こそ、モリスコの女性で照明派の実践という罪状によって処罰されたベアトリス・デ・ロブレスが、宗教裁判所の嫌疑を引き起した根拠のひとつだからである。ベアトリスは恍惚の幻視のなかで神が現われ、彼女に「やまほどの愛の言葉」(mill [sic] requiebros)を授け、彼女が「神からとても愛されいつくしまれている」ことを教えてくれたと(告解室以外の場所で)公言したのである(Perry, 1996, p. 171)。しかしペリーの研究が語るように、ベアトリスは幻視の描写を抑制し、「セクシュアリティに関することは一切言わなかった」ので、比較的軽い懲罰で釈放されたという。けれど決定的なことに、その幻視の叙述には、「あらゆる既存のヒエラルキーに挑戦する高度に政治的なエロティシズム」（いずれも、*ibid.*, p. 187）を入りこませたとペリーは断定する。[13]

高度に政治的なエロティシズムとは何か。ジェンダーとエスニシティというふたつの歴史的かつ社会文化的な制度から沈黙を強いられたベアトリスの事例と異なり、テレサには自叙伝という教会組織に保障された弁明の場が与えられた事実の意味はおおきい。ベアトリスが異端審問との関係で孤立していたという理由だけではなく、彼女は裁判――そして他者による記録――のなかでしか自己表現することができなかったとのより根本的な状況のちがいも意識する必要がある。[14]しかしそのうえで理解するべきなのは、テレサのテクストに顕在する、そして今日まで大半の（さらにその多くが男性の）読者を操作しつづけてきた自在なテクスト戦略である。トランスベルベラシオンが語られるおなじ章のやや前の部分で、テレサは自叙伝のモチーフのひとつである内面の祈りの重要性、そのおだやかさ、やさしさについてのべつつ、その具体例として、問題の体験と相似した描写を書いている。そこではおなじように、「矢」が「いく度も内臓や心臓の最も生気のある場所へ突き刺されるのです」（三八二頁）。しかし、テクストではこれら二本の「矢」はおなじ語ではなく、しかもこの箇所は三人称で記述されており、明らかにあの体験の導入的な、けれどそれ自身とは厳密に区別された、記述の意図がうかがえる。[15]ここには、スミスが論考の核心を置いているテレサの欲望はつねに言語によって媒介されており、したがってその女性性はきわめて不安定な構築物であるとの指摘がよく説明されている（Smith, 1992, p. 109）。その起源や本性について無知な体験について、時に熱情をこめて語りながら、一方ではその体験についての聡明な考察をつづけてゆくテレサの女性としての自我は、一貫してそれら矛盾した領域を移動し、それによってトランスベルベラシオンは「女性による男性の〈法〉への受動的な従属」ではなく、「身体の分裂と差異の消滅への能動的な快楽」に変貌する（Smith, 1989, p. 27）。そしてテクストを移動する主体を拘束されることなく、性的かつ社会的なアイデンティティを強化しつつ、幻視というディスクールの外部にある体験によって圧倒的な権威と交渉してゆく戦略こそ、ふたりの女性幻視者を結び合わせる政治的な位置を浮びあがらせることになる。

ルクレシアの父親

ご覧ください、陛下、スペインは滅びるのです。あなたはお祖父様の名誉を達成しはしないでしょう。過去の王様たちは王国を拡大し、死ぬときには真実を認識しています。王に起り得る最悪のことは、欠点を暴き出すことを望まないからにしろ、嘘をつくことを望まないからにしろ、誰もその王の歴史を書こうとしないということが明白になることです。陛下はお祖父様のカール五世が残した名誉をご存じです。カトリック王（フェルナンド）の名も、ずっと昔に亡くなったにもかかわらず、まだ生きており、フランスの聖なる王様たちの名と栄光もどこででも知られています。あなたはというと、あなたの王国を貧しくしたと言われるだけです。[16]（二二八―二二九頁）

ルクレシア・デ・レオンの幻視は、まずはじめにそれが一般に了解されている意味での幻視なのかという問題を提起する。「夢の記録」として異端審問所の裁判記録にのこされたルクレシアの幻視は、この女性に関して詳細をきわめた調査を実施し、一巻の書物にまとめたケーガンによれば、フロイト的無意識が夢として表象されたのではなく、現実に彼女が生きていたスペインの政治的かつ社会的な問題の解釈、批評であり、『旧約聖書』以来つづいてきた予言の伝統につらなるものであった。彼女の夢の核心にあるのは、栄華をきわめるスペイン帝国が無能で非情な国王フェリーペの統治によって崩壊し、国民は破滅的な境遇に追いやられるという終末的な予言である。この文脈では、夢を性的な無意識として解釈しようとする精神分析的なセクシュアリティの概念からは遠く隔たるものであったともいえるし、一方ではいうまでもなく、神秘の合一や霊性の体験とは何ら関連をもたないようにもみえる。ケーガンのいうように、「俗人予言者としてのルクレシアの経歴は、高徳の女性たちの生活とはほとんど共通するところはなく、むしろいわゆる街頭あるいは市井の予言者の営みにより近い」（一三頁）のは動かしがたい事実であったのだろう。

しかし、ルクレシアの夢が外見よりも複雑な要因を内包しているようにおもえるのは、それが本人の書いたテクストではなく、複数の男性筆記者によって作成されたテクストである事実から生じる。特に、中心となったふたりの筆記者について、ケーガンは大量の記述を割いている。すでにマドリード市中ではその予言が評判となっていたルクレシアの存在に最初に関心を抱き、彼女の夢の第一記録者となったメンドサは、当時最も有力な貴族の家系につらなる神学者で、「夢や幻視、予言やこれに関連する宗教的諸現象に取り憑かれていた」（四六頁）。もうひとりはメンドサを介してルクレシアを知ったフランシスコ会士アリェンデで、彼もまた、マドリード屈指の修道院の長であるうえ、「メンドサのいくらか非正統的な宗教的関心を共有していた」（四六頁）。こうして上位の社会階層にある者が、貧しい大衆のひとりでしかない娘の見る奇妙な、けれども著しく彼らの好奇心を刺激してやまない夢を記録するという構図ができあがる。とりわけメンドサは、ルクレシアの母親とも親交を結び、知己を得るとすぐにルクレシアを自分の庇護の下に置き、一家に財政的援助を与え、そしてルクレシアの夢の予言を奨励、支援した。ルクレシアもまた、娘の異様な能力に異端審問の関心をひく可能性を危惧した父親とは対照的に、この人物に実の父親以上の信頼と愛情を抱いたようであった。

ルクレシアの夢の記録は一五八七年九月に始まっている。この作業は彼女が異端審問所に逮捕される一五九〇年五月までつづけられ、総計四一五の夢が記載されているという（この計算の仕方についての説明はない)。メンドサはこの期間の大半の記録を保管していたが、これが裁判における主な証拠資料として押収されたものであり、それらの夢の「四分の三以上」でアリェンデが筆記者を担当している。メンドサ、アリェンデ以外にも四名の夢の素性が判明している(職業は異なる)男性が記録に関与した事実があり、しかしどの人物が筆記した場合でも、記録は最終的にトレードのメンドサのもとに送られたうえ、メンドサ自身が整理、点検し、綿密な注釈までが施されている。この点からも、かれがプロジェクト全体を指揮していたことは疑問の余地がない。

こうした記録作成の過程から浮びあがる疑いはきわめて重要である。ケーガン自身は合理的な解決を見出せないまま、推論を中断してしまっているけれども(八八―九一頁)、それはルクレシアの夢がどの程度まで彼女自身の見た夢なのかという一点に尽きている。すでに暗黙に含まれているように、これはあるテクストがどの程度まで作者に所属するのかという問いを変形したものにすぎない。テクストの主体性は何によって構築されるのか、作者という個人か、それとも個人を決定する諸条件なのかという問題について、ケーガンの指摘によるならば、ルクレシアの夢はメンドサを中心とする、複数の人間(男性)によって構築された「創造物」(五五頁)である。[17] メンドサの背後には国王の側近をはじめとして、宮廷や貴族、政治家や聖職者などの多数の人物が存在し、そしてここが重要な点だけれども、彼らは――立場は異なるにせよ――反国王という政治イデオロギーによって曖昧に結びついていた。一年後に真実となる無敵艦隊の敗北をはじめとして、スペインに襲いかかる災厄の数々を告げるルクレシアの夢は、だからこそメンドサを中心とする、国王やその政策に批判的な者たちの関心を引きよせ、彼女の夢を政治的に利用したというのがケーガンの研究の論旨である。そしてここから引き出せるのは、ルクレシアの夢の内容が実際にどうであれ（結局それは誰にもわからない）、テクストとしての「夢の記録」は、メンドサその他の男性たちがルクレシアを通じて見た夢だという結論になる。

このように考えてくると、ルクレシアが夢のひとつで、国王フェリーペの娘イサベルになりかわり、祖父カール五世やその先祖の栄光に言及しつつ、現国王の転落と同家の崩壊を嘆く根拠が理解できる。ケーガンは周到にも、結婚問題が国家的関心を集めていたイサベルとルクレシアを重ねつつ、ふたりの娘、そして国王とルクレシアの父親との関係を、精神分析における「投射」から見ようとする「近代的な」想像を否定している（一二九頁）。二十一歳で未婚だったルクレシアが、生涯親密さを欠いていたといわれる父親との関係を夢に「投射」するのは不可能ではないが、メンドサら同時代人はこの予言をまさに額面通りに理解したはずだというのである。しかし、十六世紀末のスペイン社会で結婚がになった社会的意味を考えるならば、この断定はあまりにも単純にみえる。というよりも、ここにはジェンダーや階級に関して、精度を高められた新しい知見がおよそ意識されておらず、あたかもこの女性が、メンドサら――社会的に支配する階級に属し、リテラシーを有する男性たち――と対等に交渉し、差異のない関係を保持しているかのように了解されている。逮捕後、当然のように裁判で潔白を主張する関係者たちは、ルクレシアを非難し、夢の虚偽性を強調することに一貫して固執する。ルクレシアもまた、記録された夢という事実については認めつつも、記録の最終的な内容やそれを利用した事実については責任を筆記者たち、すなわち男性たちに帰している。裁判の事情聴取で、「悪いのは夢を記録した男の人たちです。なぜなら、彼らは男だけれど、私はただの女なのだから、彼らは私に警告すべきだったのです」(二一二頁)とルクレシアが語り、裁判のなかで何度もくりかえすとき、彼女は抗弁しているだけではなく、しかし同時に異端審問の空間のなかで「男性の試練においてはまったく存在しないか、慎重に和らげられる、語りがたい恐怖と恥辱」(Giles, "Introduction", p. 15)を体験してもいる。[18]それは、「彼らの法に、彼らの刑罰に、彼らの判決に従」(*ibid.*)わねばならないという「恐怖と恥辱」に他ならない。

ルクレシアの事例が興味深いのは、彼女の夢という幻視が、ある国家または社会に潜在する不満や欲望の表現として理解されうるからでも、幻視者を中心に構築されるテクストが、そこに関与する人間たちの政治的かつ社会文化的な現実を「投射」するからでもない。テレサの自叙伝が複数の男性との交渉によって成立した過程がしめすのと相似した意味で、ルクレシアの夢の記録も複数の男性による口述筆記を介して成立している。しかし両者が決定的に異なるのは、テレサがすでに教会組織の内部に属する人間であったのにたいし、ルクレシアは平凡な信徒のひとりにすぎなかった点にある。テレサには男性たちと内容について交渉し、テクストを再編する機会が留保されており、さらに彼女には支配階級に少なくない支持者がいたために、異端審問所の法廷に立つことはついになかったが、ルクレシアが一方的に夢の内容を語り、それを他者によって書きかえられ、最後には公表することに同意した事実[19]は、両者に与えられた社会的条件の差をあざやかに描き出す。しかしそれだけではない、ふたりの女性の幻視には、家父長制を生きる女性たちのさらに根源的な欲望が隠されているようにみえる。いわば、「テレサの幻視は否認の行為としてみることができる、それは幻覚へといたる男根秩序を内面化することの拒絶である」(Smith, 1992, p. 122) ならば、テレサが〈父〉の法と交渉しつつ、それを戦略的に拒否することをめざしたのにたいし、ルクレシアは逆に、〈父〉の法に従順に組みこまれることを渇望しつつ、そのなかで処罰されることになったのである。[20]

アナの遊戯

主はわたしにいわれました、「わが妻よ、遊びたいか?」そしてわたしは申しました、「はい、主よ」。「どれほどおまえを愛しているか、分からないのか? どれほどおまえがいとおしいか、分からないのか？　だからこそわたしはおまえと遊びに来たのだ、おまえがわたしと遊ぶようにと。あの天上の遊戯をしておまえを喜ばせてあげよう。それから後で聴罪師にいいなさい、〝神父さま、夫イエス・キリストさまが神父さまに申し上げるようにといわれました、夫のイエスさまがあの天上の遊戯をしてわたしと遊んでくださいました〟と。そしてこういいなさい、その遊戯はとてもやさしく、とても気持ちよく、どこまでもやさしいふるまいにみちていた、だから〝わたしの魂はたいそう満ち足りて、みずみずしくなり、ますます神さまへお仕えし、感謝を捧げる気持ちになりました〟」。[21]（三三五頁）

アナ・ドメンへは、ルクレシアとおなじように、最近までまったく未知の人物であったが、ルクレシアとは対照的なことに、その伝記的事実については――生没年も含めて――ほとんど何の資料も発見されていない。彼女が異端審問所の歴史に登場するのは一六一〇年六月のことで、それから同年末まで、バルセロナの牢獄に収監されていた事実は判明している。しかし、記録として現在までに確認されているのは裁判に関する資料ではなく、出獄後に彼女の聴罪師の指示によって口述された手稿であり、その内容は次のとおりである。アナが独房で見た幻視の一人称による叙述、一六一一年から一六一三年にいたる幻視の三人称による叙述、アナの仲間の修道尼のひとりが作成した一人称複数による回想録、おそらくは愛好する黙想録から選択された断片（『聖女テレサの戒め』写本を含む)、一六一五年の幻視の三人称による記録。これらの記録は、大半が二名の書記によって筆記されている。[22]

アナはこの時代が女性に許容する程度の教養しかなかったらしく、したがって自己表現の能力にも乏しかったと推定されるため、口述の内容において、シンタックスは冗漫であり、語彙はひじょうに限定され、最も重要な経験をのべる時でさえ、平板な形容詞を伴ったごく基本的な言葉しか用いていない。それはまるで「読者に、何かがアナと共有された、ただ彼女はそれが何かを明らかにできない、またはしたくないと意識させたまま」(一五〇頁)にするかのようだとローズは書いている。アナの叙述の文体的な特徴については、ローズの論考で豊富に引用されている断片からでも容易に想像できるし、テレサの言語能力との相違は比較するまでもない。ローズは高名な神秘家たちの成功は、神を体験する彼らの能力とおなじ程度に、人間の言語で自己表現する能力の機能にあったとのべている(一五〇頁)。とはいえ、これらの叙述は、教養のない狂信的な修道女のたんなる記録と考えるには、どこかこの解釈に抵抗する意図と戦略がはらまれているようにみえる。

アナはドミニコ会第三会員の尼僧で、修道立願はしているが誓願修道女ではなかったので、修道院には居住することなく、修道院長の監督下にある身分だった。そして幻視による神の指示で、改革ドミニコ会修道院の建立を志し、実際に出獄後はペルピニャンの修道院建設に奔走している。[23]

アナの幻視の内容は一貫して宗教的なものであり、「その多くは霊性よりも儀式や制度の実践に重点を置いた十七世紀スペインの保守的な信仰に特徴的である、礼拝に関して広範囲に及ぶ行事や式典に触発されたものである」（一五七頁）。すなわち、アナが、貧困、長時間の祈禱、強い禁欲——近代初期に起った改革派修道会の特徴——を理想とした事実からも明らかなように、並外れて熱心だがきわめて平凡な、そして視点によっては保守的ですらある、宗教上の理念を信奉した修道女であったことが推察できる。たとえばこれらの記録に登場するごくわずかな具体的人物である「バレンシアの尼僧たち」との挿話では、新設された修道院の支援のために派遣された尼僧たちとの衝突に触れられているが、修道会の規則の遵守をめぐって対立するアナと尼僧たちとの関係のなかにも、この女性のおそらく柔軟ではないが、強靭な信仰への意志が感じとれる。

そのように堅固な信仰心に貫かれた女性が、まさにそれゆえに異端の嫌疑を受けて異端審問所の「とても人里離れた」、ひどく湿った牢獄に収監されたとき、彼女はこの事態をどのように受けとめたか。アナの記録に顕著な具体的情報の欠落、そしてそのわずかな具体的描写に含まれる叙述の曖昧さのなかに、実はすでに、この悲痛な体験と自己の真摯な信仰心とを独力で折り合わせようとする、この尼僧に独特の戦略性が表出している。[24] いいかえると、彼女のテクストは「神の彼女へのメッセージとは何か、それらのメッセージはどのようにして伝達されたか」（一三九頁）という主題に集中しており、この理由から、その「道徳的目標はその他すべての目標を無視する」(三二九頁)結果を生んでいる。これはこれらの記録が裁判の過程で成立したものではなく、そのあとから作成された事実と不可分の関係を構成しており、異端の告発によって異端審問の法廷に引き出された者たちが、大多数の場合、そのあとは(処刑をふくめて)沈黙を強いられているのに対し、特異なことにアナの異端審問はそこから自身の自己表象を駆動させることになったのである。「他の者たちの記録が終わるところで、彼女のは始まる」(一三八頁)。

監房に入るとすぐ、彼女は幻視のなかで、無数の天使たちの来訪を受け、これを始まりとして、そこには、神、キリスト、聖母、多数の天使や聖人たちが次々と訪れてくる。なかでも彼女の獄中生活にとって決定的であったのは、キリストの幻視であった。「〝いいなさい、わたしはおまえの夫ではないのか?〟わたしはおこたえしました、〝はい、主よ。わたしはナザレのイエスの妻でございます。〟あの方はわたしにいわれました、〝おまえはわたしの妻であるのに、なぜそのようにこころを乱しているのか? おまえはわたしのために苦しむことを願うと何度もわたしに話さなかったか?〟そしてわたしはおこたえしました、〝おっしゃるとおりです、主よ〟」(一四一頁)。この幻視の要点はふたつある。ひとつは、アナがキリストを自己の試練にとっての正当化の手段としていることであり、これには権威にたいする従順の態度の確認、そして神の名において迫害に苦しむ者たちに自身が加わる願望という、複合的なニュアンスが含まれる(一四一頁)。これは異端審問を自己の正統性を審理する場ではなく、神の意志に従ってすすんでこの試練を受容する無垢な者として、自身を祝福する過程へと変容させる意図と表裏をなしている。もうひとつの意味とは、自身を「キリストの妻」として自己表象することであり、その核心はよるべない従順な女性として、同時に特権的な――神の言葉を繰り返し、その使者に選ばれた――女性として位置づけることにある。キリストと修道女を夫婦として描写する例は、特に十七世紀以降、際立って増加した傾向であり、たとえばテレサの著作では神はつねに彼女のことを「わが娘」と呼んでいる。しかし、ローズも強調するように、アナが自身のことを「キリストの妻」としてのみゆるぎなく認識しているのは、当時女性に与えられていた社会的かつ道徳的役割――女性を家庭や修道院に閉じ込め、公的な場所や活動から排除すること――の明確な反映であった（一四七―一四八頁）。この事実も彼女の完璧に正統的なカトリック信仰の一部を構成する表現であり、その一方でみずからをキリストの伴侶として強調することで、神の意志を伝達する者としてその地位を高めているのでもある。これらの意味づけから、アナは「この投獄はイエスがとりはからったことを主張することによって、神の意志と異端審問所の意志とを懸命に融合させようとした」（一四三頁）のである。

キリストとの「遊戯」をめぐるアナの叙述が、奇怪なほどの素朴さとなまなましいエロティシズムに晒されているのは、こうした彼女の戦略性がおそらく無媒介に露出しているからである。素朴さはひどく単純なイエスとのやりとりから、エロティシズムは夫婦のあいだで語られる「遊戯」の幼児性、そしてそこから発する幼児暴行の兆候から生じている。[25] しかし、アナが宗教裁判所から異端として処罰を受けることなく放免されたのは、出獄後に作成されたこれら幻視の記録が明白に証明しており、それによってアナは「スペインの女子ドミニコ修道会改革のために選ばれた者としての位置」(二四九頁)を獲得することができた。これは彼女が幸運だったということではない。テレサが異端審問に対してあからさまな抵抗を示したのにくらべ(*Libro de la vida*, p. 439)、アナは記録のなかでは裁判に協力的な当事者として自己表象し、むしろ裁判の権威を自己正当化の対象として位置づけているようにみえる。「キリストの妻」、アナ・ドメンへは、信仰の正統性を保障する制度としての異端審問に終始忠実にふるまい、他の女性幻視者たちが受けた暴力や脅威を回避することにより、自己の実存的要求を破綻することなく成就させたのである。

おわりに

これらの女性幻視者たちの記録は、いずれも正確な意味での異端審問所の裁判記録ではない。法廷の外部で、そして(あるいは実現にまでいたることのなかった)審理に前後して作成された幻視体験の叙述は、しかし裁判の時空間から外れているとの事実のために、むしろ透明にこの制度のディスクールがもつ論理と実践を浮き上がらせている。それが被疑者の宗教的な差異や、場合によってはそのエスニシティによりも、対象となる人物のジェンダーにさらなる強い関心を抱いてきたのは、照明派とされたモリスコの女性、ベアトリス・デ・ロブレスの事例があざやかに証明するように、維持されるべき境界を侵犯する脅威がその言説のなかに認められたからである。つまりここには、主体の根源となる宗教的かつ国家的な正統性ではなくて、それを権威として要請する側のジェンダーが、自己形成し、主体性を構築するための根拠として、女性が存在し、巧妙に枠づけられた禁止の対象として位置づけられてしまうような構造が組み立てられている。幻視体験のセクシュアリティとは、このようなジェンダーによる構築的な関係性から発生しており、フーコーの指摘するとおり、それは歴史的装置としてのセクシュアリティが起源としてもつ「語る性」が、転倒したかたちで表出された他に類を見ない事例である。彼女たちの幻視が、霊性の表白としてよりも、ますますセクシュアリティの表象として理解されている歴史的事実は、ジェンダーとの連関をつうじてもたらされた必然的な帰結であった。

三人の女性は出身も地位も教養のレベルも等質ではなく、幻視者としてカテゴリー化するにはおよそ意味のない言説レベルで語っているようにみえる。テレサにはルネサンス人文文化の洗練された知の体系があり、ルクレシアには同時代の政治や社会状況を洞察する分析能力があったが、アナにはおそらくそのどちらも備わってはいなかったかもしれない。にもかかわらず、三者の神秘体験が共通して語っているのは、異端審問という制度が意識と無意識の各層へ行使する力の強度である。今日では異端審問をめぐる実態は、従来に比べてはるかに鮮明さを増しつつあるが、被告の関係者による告発はもとより、定期的な巡察や一般市民をふくめた監視体制などが一体となったその司法装置が、まず何よりも「可視的な恐怖」として意識された状況は容易に想像できる。しかし、この「恐怖」が意味したのは、それによって加えられる具体的な脅威や残忍な暴力ばかりなのではない、「異端審問はこのようにして、その管轄内のいくつかの地域で、疑惑の風土を創り上げた。取調べの対象になったという社会的スティグマは、きわめて強い〈威圧的効果〉をもったので、厳罰は必要とされなかったのである」。この結果、近代以降に流布した風聞とは対照的なことに、「異端審問所による審理に基づく処刑は稀であった」との事実が浮上することになる（いずれもWiesner-Hanks, p. 112）。ここで強調したいのは、異端審問がスペインの歴史社会的伝統のイコンとして伝播した際に必ずつきまとった文化イメージ、すなわち「黒い伝説」という国家的神話の真偽ではなく、むしろそれが本質に装備していた「不可視の恐怖」とでも呼ぶべき心理的機制である。テレサの自叙伝に頻出する「わたしの見るところ」(a mi parecer)、「おもえます」(parèceme)、「みえます」(me parece)、「おもうのです」(creo)といったほとんど同義的な語句の反復は、女性幻視者の言説においては頻繁に見出されるものだが、それは発話の強度をおさえ、主体の位置を低下させることで、女性という語る主体のジェンダーを標示しているとともに、異端審問所による嫌疑を回避する修辞的な戦略にもなっている。いいかえると、異端審問という「不可視の恐怖」が彼女たちの言説を強力に支配し、その戦略を組み立てさせている事実に加えて、それが女性という主体をもつことによって、恐怖の二重化を強いるように方向づけられている。これが異端審問という両義的な制度と組織にたいして、彼女たちがとらざるを得なかった複雑に構築された言説戦略の核心にある、意識と無意識に加えられた負荷の総和である。

冒頭でものべたように、幻視体験が女性に重要な意味をもつことになったのは、その村象が神（絶対他者）という異性だからである。差異が消滅するには差異そのものが前提とされなくてはならない以上、幻視における神秘の合一は両性による純粋差異の瞬間を通過することになり、ここに性的な差異の表象としてのセクシュアリティが生成する。このセクシュアリティは、しかし、幻視という発話行為に内在する特異性によって、日常的な性愛の関係の場ではなく、限定された霊的な関係の領域でのみ存在し得たために、異端審問による監視と懲罰の体制にあっては、おそらく暗黙のうちに周縁化され、解釈の村象から排除されるようになる。テレサらの神秘体験は異端審問の疑惑から免れたというよりも、たとえ実際に法廷に立ち、刑罰を受けることがあっても、彼女たちは審理の門前で拒絶されていたと考える方が正当である。異端審問は法律を執行する成員という具体性においても、「ミソジニー」という男性原理に象徴される観念性においても、男性の〈法〉を代行する社会装置として機能してきた。それとおなじように、女性の幻視体験は、かれらから強力に定義づけられたジェンダーと禁忌の根源としてのセクシュアリティの表象をつうじて、かれらの解釈の権力に抵抗する意志と戦略を潜在させている。そしてこうした抵抗の戦略こそが、彼女たちにテクストの表層からは意識的に消去された力を与えたのである。それが〈法〉に対抗するテクストの力である。いまこれらの幻視者たちの声に耳傾ける行為は、彼女たちがまとわされてきた神秘や狂気や異端の装いをはずし、真の意味での解釈の舞台に登場する権利を共有することである。

（1）たとえば最近の通史として、Pérez, pp. 403–404, 469–472; Blanco Aguinaga, C. et al., pp. 303–308 を参照。

（2）Smith, 1992, p. 97. なお、テレサをはじめとする神秘主義と最近の女性研究との関連については、Smith, 1989, pp. 11–22 を参照。同様の議論は最近のテレサ研究では必須の前提になっているが、いずれも欧米での研究（特にフランスの精神分析理論によるもの）には批判的である。Franco, pp. xi–xvi; Slade, "Epilogue: Psychoanalytic Interpretations of Teresa's Mystical Experience"; Smith, 1992, pp. 98–107 を参照。

（3）実際に、バルセロナとアリカンテの異端審問所の記録によると、最初の数十年間に審問をうけた者に占めるコンベルソの割合は、九割を超えている（Giles, p. 2）。

（4）引用は Moi, p. 136 による。

（5）Santa Teresa de Jesús, *Libro de la vida*, pp. 383–384. この節における『人生の書』からの引用はすべてこの版によるもので、頁数のみをしるした（邦訳は杉浦）。なお、同書には巻末に充実した「テレサ語彙集」が付いており、特筆に値する。

（6）聴罪師ドミンゴ・バニェスによる告発を受けて、異端審問所はテレサの手稿を押収し、十三年間にわたって管理下においた（出版は一五八八年）。なお、彼女の著作が出版されるのは、例外なくその死後のことである。

（7）一四九二年にイサベル女王の聴罪師に、一四九五年にトレード大司教に就任、一五〇七年には異端審問所長官及び枢機卿を兼務。シスネーロスと照明派の女性たちについては、Bataillon, pp. 68–71を参照。

（8）「一五一七年のシスネーロスの死と同年に始まったルターの反乱、エラスムス派反教権主義への嫌疑の増大、反コンベルソ民族差別の激化」（Weber, p. 23）という事態の同時発生が起きた。

（9）グアダラハラの自宅で女性に福音を説いたマリア・デ・カサーリャ、バリャドリーの男性聖職者たちに絶大な影響を与えたといわれるフランシスカ・エルナンデスなどの著名な人物については、Giles (ed.) で最新の研究に触れることができる。また、照明派については、最も古典的ながらいまだに洞察に富むBataillonを参照。

（10）コンベルソ問題や女性差別を含めたカストロ批判についてはSmith, 1992, pp. 112–115; Weber, pp. 8–10を参照。テレサと照明派との関係についてはSlade, pp. 18–20で検証している。

（11）この「いやしい」がクリステヴァのいう「アブジェクト」にあたる（Smith, 1992, pp. 108–109）。また、ウェーバーはこうした彼女の姿勢をレトリック戦略ととらえ、古典修辞学の知見を駆使して詳細に論じている。Weber, chap. 2を参照。

（12）原文通りでは「入れようとしてい」（hacia entrar）たという感じに近い。

（13）異端審問が課した受容可能な逸脱と不可能な逸脱との境界が、ベアトリスの場合、「彼女のイスラムの出自や信奉した照明派という異端などではなく、むしろジェンダーのことを指していた」（Perry, 1999, p. 184）。

（14）ペリーは裁判記録のサブテクストの重要性を喚起したうえで、その内容を次のようにのべている、「尋問したのは誰か、どのような状況のもとで、返答を記録したのは誰か、そして何が、またどうして、言われなかったのか？」（Perry, 1996, pp. 37–38）

（15）トランスベルベラシオンに登場する「矢」dardoも、「愛のふるまい」requiebroという語も、この部分でしか使用されない（「テレサ語彙集」による）。

（16）この節の邦訳は以下による。R・L・ケーガン『夢と異端審問』立石博高訳、書肆ノーヴァ／松籟社、一九九四年、一二八頁。なお、若干の字句を変えてある。同書からの引用については頁数のみをしるした。

(17) この分野での最新の分析は以下で論じられている、Culler, chap. 8 を参照。

(18) こうした態度によって、「十六世紀の女性概念を十分に利用する用意が彼女にはあったことが示唆される」(二四四頁)。この概念とは「ミソジニー」、女性蔑視のことだが、ウェーバーにせよスレードにせよ、最近のテレサ研究の多くがこの社会文化的背景から説き起しているのにくらべ、ケーガンの女性幻視者をめぐる研究がここだけでわずかに触れているのは理解しがたい。

(19) ケーガンはこれがルクレシアによる意志的な行為であったように書いている(一七四頁)。

(20) その罰は「鞭打ち百回とマドリードからの追放、そして修道院での二年間の閉居であった」(二三六頁)。

(21) Rhodes, p. 335, n. 36. 以下、この節における同論文からの引用は頁数だけをしるした(邦訳は杉浦)。

(22) 記録ではアナは文盲であったとのべられており、ローズも本人はまったく執筆には関与しなかったと断定している。そしてローズは以下のような洞察に富む見解をしるしている。「これらの幻視は、おなじようなその他多数の例と同様に、アナを中心人物とする集団制作として考えることが最も適当である」(三三〇頁、注二)。

(23) ペルピニャンはスペインと国境を接するルシヨン県の首都で、この地域がフランス領になるのは一六五九年からである。

(24) たとえば彼女の入った異端審問所の牢獄は大聖堂に隣接する長い街区の一画にあり、「とても人里離れた」ような場所にはないという(一三九頁)。

(25) ローズは別の事例(Surtz, pp. 124–125)を引きつつ、この幻視に類似した性的虐待の可能性を指摘している(三三五頁、注三六)。

参考文献

Bataillon, Marcel. *Erasmo y España*. México: Fondo de Cultura Económica, 1982 [1966].

Blanco Aguinaga, Carlos, Rodríguez Puértolas, Julio y Zavala, Iris M. *Historia social de la literatura española* I. Madrid: Castalia, 1981.

Cobarruvias, Sebastían de. *Tesoro de la lengua castellana o española*. México: Turner, 1984 [1611].

Culler, Jonathan. *Literary Theory*. London: Oxford University Press, 1997.

Franco, Jean. *Plotting Women. Gender and Representation in Mexico*. New York: Columbia University Press, 1989.

Giles, Mary E. (ed.). *Women in the Inquisition. Spain and the New World*. Baltimore: The Johns Hopkins University Press, 1999.

Kagan, Richard L. *Lucrecia's Dreams. Politics and Prophecy in Sixteenth-Century Spain*. Berkeley and Los Angeles: University of California Press, 1990.

Moi, Toril. *Sexual/Textual Politics. Feminist Literary Theory*. London: Methuen, 1987.

Pérez, Joseph. "Literatura ascética y mística". *Historia de la literatura española*. vol. I. Madrid: Cátedra, 1990. pp. 469–475.

Perry, Mary Elizabeth. "Behind the Veil. Moriscas and the Politics of Resistance and Survival". Magdalena S. Sánchez and Alain Saint-Saëns (eds.). *Spanish Women in the Golden Age. Images and Realities*. Westport: Greenwood Press, 1996. pp. 37–53.

——. "Contested Identities. The Morisca Visionary, Beatriz de Robles". Giles, pp. 171–188.

Rhodes, Elizabeth. "Y Yo Dije, 'Sí señor'. Ana Domenge and the Barcelona Inquisition". Giles. pp. 134–154.

Santa Teresa de Jesús. *Libro de la vida*. Otger Steggink (ed.). Madrid: Castalia, 1986.

——. *Obras completas*. Madrid: Biblioteca de Autores Cristianos, 1997.

Slade, *Carole. St. Teresa of Avila. Author of a Heroic Life*. Berkeley and Los Angeles: University of California Press, 1995.

Smith, Paul Julian. *The Body Hispanic. Gender and Sexuality in Spanish and Spanish American Literature*. Oxford: Clarendon Press, 1989.

——. *Representing the Other. 'Race', Text, and Gender in Spanish and Spanish American Narrative*. Oxford: Clarendon Press, 1992.

Surtz, Ronald E. *Writing Women in Late Medieval and Early Modern Spain. The Mothers of Saint Teresa of Avila*. Philadelphia: University of Pennsylvania Press, 1995.

Weber, Alison. *Teresa of Avila and the Rhetoric of Femininity*. Princeton: Princeton University Press, 1990.

Wiesner-Hanks, Merry E. *Christianity and Sexuality in the Early Modern World. Regulating Desire, Reforming Practice*. London and New York: Routledge, 2000.

霊と女たち

『未来』二〇〇五年十一月号〜二〇〇七年五月号
（二〇〇六年四月号、八月号、二〇〇七年一月号、四月号は休載）

1　ふたりのテレサ

1

一八七三年、メキシコ北西部。牧畜を業とする農場の周囲にへばりつくように点在する貧しい集落のひとつで、ひとりの女の子が生れた。スペイン系の先祖をもつ富裕な大地主であるトマス・ウレアを父に、土地の部族であるヤキ族の血が流れるインディオのカジェターナ・チャベスを母にもつその娘は、のちにテレサと呼ばれるようになる。母カジェターナが事前に考えていた名前は「ノナ・レベーカ」といわれ、テレサという名がどういう経緯で定着したのかは明らかではない。テレサが非正嫡の子として生れたのは母が十四歳の時で、生後数年して母は失踪した。テレサは埃がつもり蚊の飛びかう粗末な小屋を家として、口うるさい叔母に育てられる身となった。

十六歳のとき、テレサは父親トマスの指示で生地に近いソノーラ州カボラの農場に移り、父やその愛人親子と暮らし始める。それまで靴もはいたことのない「野性」の少女が、父の農場での生活に組みこまれることにより、「キリスト教化＝文明化」される起源である。いうまでもなくそれは、国境に近いメキシコ周縁部に位置する文化風土のなかでは、女たちが営む貧しい生活空間から家父長制的ジェンダー秩序へ編入、支配されることも意味した。トマスはみずから馬を駆っていくつもの農場を経営し、多数のカウボーイ、使用人を抱える典型的な地方の家父長だったが、その一方で好色な性癖は妻ロレートとの婚姻後もやまず、生涯に十八人の子をもうけたといわれている。テレサに関する文献では、トマスを詩や音楽を愛する教養ある男性として描く傾向があるものの、テレサの誕生も成長のことにも何ら関心をしめした形跡のないトマスにとって、テレサの母もたんなる欲望の対象のひとりにすぎなかったのだろう。(1) ではなぜ多数いる（正嫡の子もふくめた）子のなかからテレサだけがかれのもとへ呼ばれたのか。調べ得たかぎりから推測できるのは、特にテレサ伝作者のホールデンが強調して書いているように、(2) インディオの娘としては際立って美しい容貌をもち、愛くるしい茶色の瞳をしたテレサを側におきたがったトマスの――父としての、それとも男としてのかははかりがたい――心理である。淫蕩を重ねてきた男が突然改心して、美しい（しかも「混血」の）わが子に「父」としての情愛を自覚し、寛容な保護者としてふるまおうとするのはまったくありえないことではないにしても、容易には受け容れがたい可能性かもしれない。

テレサにとってカボラ時代に得たとりわけ重要な経験は、マリア・ソノーラこと愛称「ウイラ」によるクランデーラとしてのイニシエーションだった。クランデーラとは、メキシコ文化圏一帯に流布する民衆療法に基づく女性の治療師のことである。「三位一体以前のカトリシズム、イスラム朝スペイン時代の医学、古代メソアメリカの医学と宗教の総合」（レオン）であるクランデリスモは、スペイン語の「治療する」（curar）に由来する言葉であり、かつて旧大陸では「にせ医者」（curandero）という語義で流通していた非正統的な過去をもつ。クランデリスモにおいては、治療師が神から授けられた「天恵＝贈与」（don / gift）がすべての活動の基盤となり、治癒能力を授かった者はこれを行使することで患者を治癒し、一方で患者は治療師その他にこの「天恵＝贈与」にたいする報償を分け与える義務を負う。「手のこんだ義務、〈贈与〉、交換のシステム」（同上）からなる信仰に基づくこの治療行為において、治療師は薬草や茶、マッサージ、産婆術、タロットやトランプ等のカードによる占いなどで実践をおこなうが、特に際立っているのは「リンピア」（limpia）と呼ばれる霊的な浄化であり、これは治療師と患者が、祈り、朗唱、手をあわせる行為を共有することで負のエネルギーをとき放ち、正の霊を召喚するとされる実践である。カトリック教に根ざしつつも、「植民地時代に出現した宗教的マトリックス」にその原点があるクランデリスモは、「古代メキシコの儀礼や語法をカトリックの文法やシンボルに記入」（レオン）したものと解釈することができる。今日のクランデリスモは、特にラティーノの多いコミュニティにあっては一般医学と共同で実践される例もまれではなく、その対象はがんやエイズにまで及んでいるという。

もうひとつクランデリスモで特徴的な事実は、とりわけジェンダーの視点から見ると、過去にもそして現在においても、その実践をになった主体は主として、「女性の労働者階級出身の治療師」（リモン）としてのクランデーラだったということである。治療のヒエラルキーの内部にあって、家庭や隣近所といった相対的に親密な関係によって成り立つ「低いレベル」の治療は女性の領域であり、一方で男性は「民衆聖人」として、フルタイムで従事する「より高いレベル」の治療に専念し、それによってトランスローカルな治療師に上昇する例も少なくない。しかしながら、テレサと同時代に生きた男性の「民衆聖人」ドン・ペドリート・ハラミージョについてリモンが鋭く指摘しているように、(3)男性の治療師にはジェンダーを超越した「両性具有的な存在」であることを要請され、だからこそかれは独身なのであり、その周囲には治療を支える女性がいて、その死後もかれの墓所へは多数の女性が祈願のために参拝している事実は強調しておきたい。過去には家庭内でのパートタイムの即興的な実践に限定されていた「民衆医療は、職業としての地位を得て、男性の管理にくくられる以前は、ほぼ絶対的に女性が実践した」（リモンでの引用）のであり、クランデリスモ自体がその主体においても対象においても、根源的に女性によって維持されてきた文化実践だったと理解するべきだろう。(4)そして老女ウイラも、辺境ゆえに近隣には居住しない医師の代りとして、農場周辺に住む患者たちの治療のために日々巡回していた。テレサは彼女から、クランデリスモの重要な材料として治療に使用する薬草の知識を授けられ、また治療の巡回に同行するうちに自然とクランデーラの実践を学びとるようになった。優美で温和な人柄のテレサが病人と接し、触れるだけで快方に向かったという事例があるのは、さまざまな資料が伝えてもいる。

テレサの生涯を決定づけた出来事はカボラ移住の翌年に起きている。その原因については諸説あるようだが、ある日のこと彼女は深い昏睡状態におちいり、極度に衰弱した状態が長くつづいた（この期間については二週間とも三か月以上ともいわれる）。医師を呼んでも手立てが分からず、万策尽きたトマスはついに棺桶の製造を命じ、それはテレサの眠る寝室に搬入までされた。すると突然、テレサは目覚め、起き上がり、周囲の者たちに話しかけた。後年テレサ自身が回顧するところでは、彼女は「トランス状態だった」とのべている。しかし、この事件が重大な意味をもったのは、この「トランス」が終わったあと、「わたしはある変化を自分のなかに感じた」からである。

わたしは人に触れたりさすったりすれば元気にさせることができるようになりました。この世でよきことをしたいという願いだけを自分のなかに感じたのです。わたしは人びとに神様についてたくさんのことをお話ししました。信じることを伝えました、神様は愛の霊です、この世にあるわたしたちはたがいに愛しあい平和に暮らさなくてはいけない、でなければ神様を辱めることになるのです。（「サンフランシスコ・イグザミナー」紙一九〇〇年七月二十七日付記事）

こうしてテレサの回心、「神」との神秘的合一が成就されたことになる（レオンによる）。テレサは「トランス」後に目覚めてすぐ、棺桶のあることに気づくと、三日後に死者が出るので処分しないようにと命じた。事実、その三日後に「ウイラ」の遺体がベッドで発見されたのである。予言者テレサの始まりでもあった。

「死」から復活し、予言者となり、時空間を越えた透視能力をもち、そのうえ華奢で細身の体格でありながら屈強な男をもねじふせる霊力を備え、とりわけ病いや負傷にたいする驚異的な治癒能力をもちながら、しかし一切の報酬を拒絶しつづけたテレサの噂は、カボラ周辺はもとより、遠方からも多くの治療を希望するインディオたちをひきつけた。落馬して馬に頭部を蹴られたために右半身が不随となり治療をもとめて来たが、薬草の効果に疑問を抱いたテレサは自身の唾液を土と混ぜることでペーストを作り、患部に塗りつけたというシモン（これが最初の「奇跡」とされる）、歩行不能ゆえに夫のひく牛車に乗って来たマリアーナ（彼女はテレサの生涯につき添う世話係となる）、発話能力も聴力も失って叔父に付き添われて来た少年カルロス、これらはテレサが治癒させた病人たちの一部でしかないだろう。やがてトマスの農場の屋敷にはテレサの治療のために別室が設営され、それを中心にして市のような交歓と混沌の空間が形成されていった。こうして一八九〇年代初頭には一日千人単位の来訪者が推計されているが、九二年にはその数字は一万人以上にのぼるとある新聞記者は報告している。トマスは終生、テレサの治療に関しては懐疑的だったといわれ、この時期には強硬にテレサに治療活動をやめるように迫ったこともあるようだ。しかし結局、おしよせる「巡礼者」たちの群れに抗しきれず、無一文同然で訪れるインディオたちのために食事の用意を命じ、可能な者だけから代償を受け取るようにした。

おそらくここで、誰もがトマスの変化に気づかないわけにはゆかないだろう。少なくとも農場の作業を停止させてまで、大勢の見知らぬインディオたちにたいして食事を分け与える指示を出すトマスには、放っておいた娘を不意に自宅に住まわせるように命じるような、家父長めいた相貌を見出すことはできない。トマスはテレサの治療行為や「奇跡」にたいする信仰を受容し始め、次第にみずからも傾倒していったのだろうか。あるいは現実に飲食の提供を拒否することで生じた事態を回避してとの想像もありうるが、それはこの地域における「土地」の意味に著しく無知な見方にほかならない。なぜなら辺境部の民衆にとって、土地とは自分たちの労働によって生産を可能にし、外部からの侵入者には武力で対抗することで「獲得し得た、民族的かつジェンダー的な名誉の象徴であり、血と汗の犠牲によって承認された権利」だからである。ここで「ジェンダー的」というのは、「労働と戦闘」の主体としての男性、そして再生産をになう「身体とその比喩的な延長である家庭」の主体としての女性を指している（アナ＝マリア・アロンソ）。その後のトマスの行動からは、明らかにこのような「土地」との歴史社会的関係に違背する心性がにじみ出している。父トマスの事実上の承認も経て、やがてテレサは名前に「聖女」を意味するサンタを冠して、「サンタ・テレサ」、あるいは愛情をこめた愛称である「テレシータ」と呼ばれるようになる。しかしこれらの名称は時代の変遷とともに、テレサの治療活動とはまったく別の、思わぬ方向で使われるようになってゆく。

「彼女の生きた歴史的時代と場所の産物」（レオン）としてのテレサの生涯は、ちょうど九二年頃から大きく転換し始める。当時のメキシコは独裁者ポルフィリオ・ディアスの強権的な政治の全盛期だった。一八七六年、前任のレルド・デ・テハーダ大統領の再選阻止を名目として武装蜂起を企てたディアスは、レルドを追放して最高権力者に就任すると徹底した独裁政治を敷き、政権内部を腹心で固め、一方で敵対者は容赦なく処分または追放する方針を貫いた。そしてみずからの再選は容易に承認させると、以後一九一〇年に失脚するまで、実に三十数年に及ぶ在任期間を記録したのだった。こうしたディアス政治の特徴のひとつが国内外の資本家たちとの不透明な利益関係であり、特に北部のインディオ居住地域では、中央政府の政策によって土地の購入を企てる資本家へ売却することを目的とした強制収用がつづいていた。こうした政府の行動にたいして、ヤキ族や近隣のマヨ族は叛旗を掲げて抗戦の姿勢を露にし、一種の内戦状態を呈していたのである。ヤキ族といえばカルロス・カスタネーダの著作でその名を知らしめた部族だが、九〇年代はじめにはテレサの「奇跡」の評判を聞いてその代表者たちがカボラを訪れ、彼女の治療能力を確信してヤキ族の守護聖女とする決定を下す。そしてこれ以降、かれらが戦場での喊声としたのが「カボラの聖女万歳！」だった。

また、ディアス政権史上その弾圧の残虐さで記憶されるトモチックは急峻な丘陵に囲まれた谷間の村で、ヤキ族とおなじように、テレサの「奇跡」を体験して村の守護聖女とした、タラウマラ族とスペイン系とが混ざりあった信仰篤いメスティーソが住んでいた。しかし、この地域の埋蔵資源に期待する鉱山会社と結託したメキシコ政府は、教会や政府の意向にも従うことなく、なおかつ公然とテレサ信仰を表明するトモチックを危険な叛乱者とみなし、この地域全体への威嚇もねらって、戦闘員七十名足らずといわれるこの村にたいして総勢千五百名以上の軍隊を投入し、その抵抗を壊滅させた。このとき、トモチック人が戦闘にのぞんで叫んだのもやはり「カボラの聖女万歳！」だったのである。トモチックの叛乱によって、ディアス政権はこの小村に象徴されるインディオ叛乱の首謀者としてテレサの逮捕を決定し、一時的に身柄を拘束するが、すぐに米国へ追放する命令を通告する。この時期の国境は鉄条網で仕切られただけで今日とちがって出入国が厳しいわけではなく、また米国脱出以外には生存の選択肢もなかったため、カボラ以来テレサと行動を共にしてきたトマスもこれに同行する。いうまでもなく正統的な妻子や多くの資産を残して、トマスは隣国への追放を選んだことになるが、この理由についても現存する資料からは曖昧なままである。いずれにしても、九二年七月以降、テレサもトマスも二度とメキシコの地を踏むことはない。

サンタ・テレサ。キリスト教史や神秘主義に関心があるなら、この名前はまず何よりもスペイン十六世紀の神秘思想家、サンタ・テレサ・デ・アビラのことを想起させるにちがいない。厳密にはサンタ・テレサ・デ・ヘスースとも呼ばれるこの聖女は、[5] 一五一五年にテレサ・デ・アウマーダとして、マドリード近郊の町アビラに生れた。つけ加えられたアビラとは生地であるのと同時に、彼女が所属するカルメル会改革のため、奔走した末に同地にサン・ホセ修道院を創設した事業にも由来している。メキシコのテレサがその奇跡によって、崇拝する無数の信者を集めた土地の名を付け加えられたのとおなじ理由である。ふたりのテレサに「聖女」の称号が与えられたのは、「奇跡」をなしたという根拠づけにおいては似ているし、いずれも神秘体験を共有し、そこから真に霊性家としての生涯が始まってゆくとの文脈においては、その関連は否定しがたいようにも思える。しかし、彼女たちの経験にとってさらに大きな意味をもつちがいは、ふたつの「聖女」の内容である。アビラのテレサは改宗ユダヤ人の家系の出身であり、数々のその著作ゆえに異端審問所の嫌疑の対象になっていたのは今日では周知の事実だが、それらのテキストは彼女の没後もその列聖をめぐって紛糾する論議の標的でありつづけた。「女性にはこうした書物を書く能力はない」、「テレサは自分だけで著書を書いたのではない」とする命題がそこでは白熱した議論を呼び、ついには教会によって、それら書物の作者としての地位を剥奪しようとさえ企てられる。しかしながらテレサの書物を活字で読めるようになった民衆の間からは、テレサの超自然的能力を示す証拠として、奇跡的な改心、疾病の治癒、修道生活への献身、修道院生活の改革といった事例が報告されるようになる。著作が生前の出版を禁じられるその一方で、テレサの遺体は死後三年して、安置されていたアルバからアビラのサン・ホセ修道院へ移送されるが、奇跡の象徴をもとめてスペイン全土から訪れた巡礼者たちにとって、いささかも腐敗した形跡のない「テレサの遺体は、まぎれもなく彼女の聖性を意味した」（スレイド）のであった。こうしてアビラのテレサは一六一四年、ローマ法王パウルス五世によって列福され、二二年にはグレゴリウス十五世によって聖人伝にその名「テレサ」が刻まれることになる。彼女が教会組織の最頂点に編入された瞬間である[6]。

アビラのテレサが宗教的権威によって「最高レベル」の聖女として位置づけられたのにくらべれば、メキシコの「聖女」がいかなる権威からも、後世与えられる名誉からも、制度的に隔てられているのは説明するまでもない。あるいは書物や知識の影響をまったく感じさせることがなく、経験のみに基づく治療活動に終始しつづけたカボラのテレサに、認識や判断を主体的かつ論理的に言語化するという意味での近代的な知識人の類型をもとめること自体、不可能であるのにちがいない。だがこのような理解の隙間から明瞭に浮かび上がるのは、ここで、ふたりのテレサを結び合わせる最大の経験、すなわち「神秘体験」はどのように考えられるかという問題である。カボラのテレサが出会ったという「神様」は、「合一」したとアビラのテレサが書く「神」とはちがうのだろうか。それともそこには、ほかに彼女（たち）の言いたいことが隠されているのか。おそらくふたりのテレサが「語る」ことのできなかった「神秘」とは、そして言語化の境界において「神との合一」が経験される「神秘」とは、歴史、社会、文化の稠密な構造のなかにからめとられ、それでもなお死滅し得ない「神秘」の実践者としての主体であるだろう。ここに近代西洋思想がゆるぎなく前提としてきた「認識的な知」にたいする、「霊的な知」というものの存在の深淵を見なくてはならない。

「霊的な知」とはミシェル・フーコーが晩年の思考のなかで提起した概念である。古典古代ギリシアにおける「自己への配慮」を論じた講義において、フーコーは主体が真理へ到達するための「条件と限界を定めようとする思考の形式」を「哲学」として対置しつつ、「霊性」について、そのために「必要な変形を自身に加えるような探求、実践、経験」であると定義している。したがって真理とは、「探求、実践、経験」ではありえない認識によって主体に与えられるのではなく、主体が真理を受け容れるためには、「自分自身とは別のもの」になる行為を必要とする。フーコーはこれを「主体の立ち返り（conversion）」と名づけるが、「コンヴェルシオン」には「改宗、回心」の意味があることも記憶しておきたい。では「真理」とは何か。主体へ「天啓を与えるもの」、「至福を与えるもの」、「魂の平穏を与えるもの」であり、それゆえに主体の存在への「変形」が要請されるのである。「変形」とは「浄化、修練、放棄、視線の向け変え、生存の変容」などに身体化される技法であり、「認識ではなく、主体にとって、主体の存在そのものにとって、真理への道を開くために支払うべき代価」である。ここで認識が否定されているのはおおきな意味をもつ。しかし、主体が真理へ到達するための諸条件が認識の行為のみとなった瞬間から、真理の歴史の近代が始まってゆく。同時にここから、過去に強大な影響力をもっていた「霊的な知」は、「認識的な知」によって次第に限界づけられ、覆い隠され、おそらく十六、十七世紀には最終的に消去されることになるだろう。しかし重要であるのは、とフーコーはいう、「世界にとっての知」と対峙、対立するように、「人間存在や魂や内面性についての知」を編成することではない、そうではなくて「ある一定の霊性の構造が、認識、認識の行為、その条件と効果を、主体の存在そのものの変容と結びつけて」いる歴史、いわばふたつの知の様式が主体において重層する歴史なのである。(7)

ひとりのテレサに代表されるスペイン異端審問時代の女性神秘家たち、そしてもうひとりのテレサが先駆してみせた、現在のメキシコ／アメリカ国境にまたがる「ボーダーランズ」[8]に広く伝播、分布する民衆宗教の女性実践家たちの歴史は、フーコーのこの主題が身体化され、社会化され、言説化される歴史の証言として読むことができる。ふたりのテレサは「霊的な知」を「実践、経験」することにより、「認識的な知」の企てる限界と専制に抗して、真理の主体を生きぬいた女たちである。

2

米国でのテレサは治療師としての実践をつづけながらも、さまざまな事情による移動の連続を強いられた。入国したアリゾナ州ノガーレスに始まり、同サン・ホセ、つづいてテキサス州の国境の町エル・パソ、さらにはテレサの「政治的」影響力を恐れたメキシコ政府のアメリカ政府への圧力によって、国境線から二百キロ離れたアリゾナ州クリフトンへと達する。クリフトンは米国でのテレサの人生をめぐる流転の中心を形づくる町となった。テレサの米国での活動は、基本的には当時形成されつつあった大衆消費社会への、したがってアングロに支配される主流社会へのの同化の過程の一部として理解することができるだろう。国境付近に滞在していた時期には、メキシコ側のソノーラやアリゾナのインディオ／インディアンたちがテレサの周辺には参集し、メキシコ時代と同様の光景を展開していたが、クリフトンに落ち着くとその信奉者は富裕な階層にまで拡大し、メキシコシティやニューヨークからも来訪者が現われ始めた。こうした生活のなかで、以前より結婚への意志を繰り返し明らかにしていたテレサは、一九〇〇年七月、メキシコ人の鉱山労働者であるグワダルーペ・ロドリゲスと突然婚姻する。トマスの介入を予想した新郎は当日、ライフルを片手に司祭を同行して父娘の滞在先に現われ、この結婚に同意させたが、かつてテレサ自身が予言した通り、結婚生活は夫による妻の殺人未遂という結果とともに不意に終焉してしまう。夫は結婚した翌日に不可解な言動を繰り返し、妻へ向かって銃を乱射した末、精神障害として監禁された。テレサの結婚はあまりにも早い破局をむかえたが、これが原因となり、親子の関係は決定的に悪化、テレサは末期患者の少年の治療に招聘されたカリフォルニア州サン・ホセへ、父と別れて移動することを決意する。

テレサのサン・ホセ来訪に合わせて、「サンフランシスコ・イグザミナー」紙はヘレン・デア記者による会見記事を掲載した。「サンタ・テレサ、ソノーラの勇猛なるヤキ族を畏怖させる能力をもつ、名高きメキシコの治療師、サン・ホセの少年を全快させるため到着」と見出しにうたわれたインタヴューは、テレサの「肉声」を伝える数少ない記録のひとつである。「メキシコのジャンヌ・ダルク、ブラウスにセーラーハット姿の聖人」と紹介されたあとで、テレサは少女時代を回想しつつ次のようにのべている。

わたしは九歳の時に学校へ入りましたが、勉強は嫌いでした。でも後で読み方を知りたくなって、たいへん年をとった女の人からアルファベットを習いました。書くことは自然にできるようになりました。書きたかったのです、だから書きました、でもどのようにして覚えたのかは分かりません、教わったわけではないので。母の家の床で、小さい指で地面の土に書いたのが最初でした。[9]

「勉強は嫌い」だとか読み書きの習得に関する体験は、教養や書物に依存するわけでもなく、聖書の引用をもち出すような発言の記録が残されているわけでもないテレサの教養の範囲からすると、いいかげんな作り話とは異なるようにも聞える。

また、メキシコでの逮捕投獄についても語っている。

わたしはヤキ族の革命とは何の関わりもありませんでした。かれらは土地を守るため、いつでも戦っていたのです。みんながわたしに従ったため、わたしは十八歳の時にグワイマスで拘留されました、でも牢獄にではありません、家畜の飼育場に面した民家の中にある場所でした、蚊に刺されましたから。みんながその近くに集まってわたしを連れ出そうとしたので、政府が義兄に国外へ連れ出すように命じたのです。わたしはインディアンを治療し、そのために愛されています、でもかれらに革命を起せとは言ったりしていません。

反政府運動との関係の否定は、すでにエル・パソ滞在時（九六年）にも声明として地元紙へ発表しており、ここでも同時代の政治的な状況に深く組みこまれながらも、彼女自身はまったくそうした問題に関心をもたなかったことが反復されている。だがそれ以上にこの発言から強く印象づけられるのは、テレサによるきわめて滑らかな回想の流れであり、米国入国以降、多くのメディアと接し、会見をこなしてきた彼女の豊富な経験をうかがわせる。「牢獄」ではなく「民家」にいただけだという主張にしても、自分は法律的にはなんら罪を犯したわけではなく、無実の一般市民であることに力点を置いた、ひかえめではあるが強固な意志の表明なのだろう。

カリフォルニアで、テレサは米国の製薬会社と「国際ヒーリング・ツアー」の開催を条件に、五年間で一万ドルの契約金というオファーを受ける。患者からのあらゆる治療報酬を拒否してきたテレサが、製薬会社の策謀によって、あるいは経済面を管理してきた父親と離れて自立を迫られたために、「報酬」を受容する瞬間だった（ただしテレサ自身は契約金を「報酬」ではないと会社側に特定したが、契約書では会社による患者に対する請求を妨げないとする説もある）。こうしてツアーは始まり、メディアがセンセーショナルに報道するなかで、サンフランシスコでは大型のオーディトリアムを使用して、音楽、照明、司会者付きの実演が挙行された。

〇一年一月、ツアーがセントルイスへ移動したとき、英語に問題を抱えていたテレサはアリゾナ時代からの女性の友人に、通訳として彼女の子どもを派遣するように依頼する。すぐに友人の長男ジョンが現地へ向かうが、まもなくふたりは「結婚した」との知らせが届く。しかしこれはテレサの前夫との離婚後期間が満了していないため、法律外の結婚となった。テレサの二度の「結婚」には例によって曖昧な部分があまりにも多く、その真実についてはほとんど想像の域を出ないといってよい。米国時代のテレサのセクシュアリティを考えるとき、二十代という年齢や父親との心理的かつ物理的な距離、「ヒーリング・ツアー」に象徴される商業主義との頻繁な接触、さらには「異文化」で暮らすということの決定的な影響などを通じて、そして国境地帯から離れてゆくほどに治療活動とは関係のない話題が増えてゆく事実において、メキシコでの孤立した生活とは異なる意味をもち始めたのは疑いようがないだろう。私生活では周辺が女性ばかりであったにもかかわらず、わずかな間隔で結婚を重ねた事実からは、公共圏での治療師としての活動から断ち切られた親密圏内部での彼女のセクシュアリティには、女性としての「主体的」な欲望と行動があふれ出しているようにも映る。それが米国型の大衆消費社会への「従属化」であり、霊的な治療師としての自己の活動とどのような関係をもち得るかについて、おそらく彼女には判断する能力がなかったとは推測できる。だからこそ霊的な指導者をもつことができず、制度的な保障からも疎外されていたテレサという宗教的存在が、「性」を媒介として透けてしまうのかもしれない(10)。

メキシコ時代のテレサの活動を理解するうえで重要なのは、「治癒」の科学性や「奇跡」の信憑性などではなく、彼女とその患者であるインディオ農民とによってつくられる諸関係である。テレサの超自然的能力がカボラ移住以前から兆していたようすはホールデンも示唆しているが、その「神秘体験」が移住後に起きているのはこの文脈からは啓示的かもしれない。つまりテレサは、父親の権能の下に入ることによって「農園主の娘」の地位を獲得し、それによって階級的上昇を果すのであり(これは出自である「インディオの血」を消去するとの意味では、人種ヒエラルキー的な上昇でもある)、同時に衣服やふるまいにかかわる「階級」の身体化ともいうべき文化的差異化も達成する。別の面から見れば、テレサはこの変容によってインディオ農民との階級関係においてはゆるぎない優越を手に入れたのであり、そこから「場」としての治療関係における絶対的な優位が構成されることになる。自分たちとは明らかにちがう「他者」としてのテレサが治療の主体を占めるとき、患者たちが彼女の「奇跡」をうやうやしく受容するのは、支配/従属の関係からすればあまりにも自然な行為であるだろう。これは、リモンのいう「治療のヒエラルキーの内部」において転倒されたジェンダー関係と、そして「最初は病いとみなされる憑依の形態は、多くの場合実質的に女性に限定される」というルイスの憑依説とが交差する地点をなしている。この後米国での患者たちに富裕な階層の者たちが増えたのは、メキシコ時代の華々しい「実績」に引き寄せられたのに加えて、患者たちのナショナリティの変化にともなうテレサ信奉者の階級的変化が生じたと考えられる。いずれにしても人種・階級的に上昇したテレサにとって、治療師としての実践が確固たる基盤のうえで継続された過程は容易に想像できる。

この理解からすると、テレサが送ってきた生涯のさまざまな場面で、トマスの果した役割について繰り返し触れてきた理由が明らかになるだろう。トマスは治療活動もふくめたテレサの人生にとって、不可欠の存在理由を与えた「父」として、彼女の主体に関与しつづけたといってよい。ルイスによれば、(ある種の)女性たちの憑依カルトは「うわべだけを装われた支配的な性に対抗する抗議運動」であるという。テレサが「神秘体験」を通過するのは「支配的な性」、すなわち男性であるトマスによるカボラ移住の命令があり、一方ではそこで治療師としての活動が持続され得たのも、トマスの暗黙の合意に基づく物質的な支援を引き出したからである。この文脈では彼女の霊性は「父」による庇護に依存していたのと同じようにして、その庇護を提供させるようにも、いいかえるとそれに対抗するようにも機能していたことを意味する。トマスがある時期からテレサの行動に追従してゆくように見えるのは、この家族的依存関係が霊性の介入によって転倒してゆく過程を端的に表わしている。しかし結局のところ、それが両者によって構築された関係からの転換ではあり得なかったのは、テレサとの生活から離れることのできなかったトマスにも、そして父との別離の後では活動そのものの規範までをも修正せざるを得なくなったテレサにも、まぎれもなく露出してしまっているといえるだろう。まさしくここに、歴史社会的な文脈に編入された治療師でありながらも「トランスローカル」な地位からは排除されるべきジェンダー、すなわち女性であるクランデーラとしての、テレサの霊的実践の本質と限界を見ることができる。そしてそれは、アビラのテレサが強いられた異端審問という制度の力学を喚起させずにはいない。

スペイン異端審問（Inquisición）とは、ユダヤ教徒のスペイン領土からの根絶を目標として、カトリック教への改宗か追放かとの条件のもとに、十五世紀から十九世紀にいたるまで実施されてきた制度の全体をいう。だが「インキシシオン」という言葉自体は、その制度とともにそれを実行する機関を指す名称でもありながら、本来は「くわしく調べる、精査する」の意味をもつ動詞「インキリール」（inquirir）から派生した名詞でもあった。すなわち、語源的には「査問、糾明」との内容をもっていた動詞の派生形が、近代初期スペインの社会と文化を権力的に構造化した宗教システムの名称へと変容した過程を、この事実は明示している。まさにここから、ミシェル・フーコーが「生存の政治的ないし経済的条件は、認識の主体にとって遮蔽物でも障害でもなく、それを通して認識の主体が、したがって真理の関係が形成される」それ自体である事実を検証するため、ヨーロッパ中世における裁判慣行として発達した「インキジチオ」(Inquisitio)に着目し、周到な考察を加えている理由が説明される。

中世において「ヨーロッパ唯一の一貫した経済=政治的団体」へ成長した教会によって実行された「インキジチオ」は、宗教的かつ行政的な方法として、「宗教的罪や過失や犯罪に関する霊的な調査」として機能するその一方で、教会財産をめぐるさまざまな「行政調査」の役割をもになっていた。教会は「霊的かつ行政的、宗教的かつ政治的モデル、魂を管理し監視し監督する方法」を独占し、ゆえに「財産や富ばかりでなく、心や行為や意図にも向けられた」視線として理解される、司法手続きとしての「査問、糾明」に再編成されてゆく。過去の事実を「再現在化し(…)真実のものとするこの調査手続」は、認識の主体がそれとなるために必要な「統治のプロセスであり、行政技術、管理の様態」として発達し、ついには「権力を行使する特定のやり方」へと変貌する。こうして十二世紀以降、それは司法を越えて知や認識の領域へと拡張され、そこから「知の一般的形態としての〈インキジチオ〉の発展」が起こり、権力行使とは直接の関係をもたない「観察の諸科学」を生成するにいたる。そしてフーコーは結論している、

経済的政治的プロセスと知の葛藤との真の結合は、権力の行使様態であると同時に知の獲得

と伝達の様式でもあるこの形態のうちに見出されるのだと思われます。「インキジチオ」とはまさしくひとつの政治形態、管理形態、権力行使の形態であり、司法制度を通して、西洋文化において、真理を真正化し、真実だとみなされるようになるものを獲得し、それを伝達するやり方となったのです。「インキジチオ」とは知＝権力の一形態なのです。(11)

ここにおいて、ふたりのテレサが霊的な神秘家として、おなじ「知」によって男性とおなじように「査問、糾明」の対象とされ、等しく「政治的諸構造に依拠して形成された真理のモデル」としての認識する主体を構成している事実にたどりつく。たしかに厳格かつ複雑な教会制度と宗教裁判システムのもとで、審理そのものの成立を阻んだアビラのテレサによる天才的な言説戦略、そしてそれを実現し得た才能や教養をカボラのテレサにもとめてはならない。しかし想起すべきであるのは、あの時代に男性とおなじように迫害や恥辱の対象であった女性には、「男性の試練においてはまったく存在していない、あるいは慎重にやわらげられた恐怖や汚辱が存在した」。なぜなら「逮捕された女性は男性が命令し、形成する世界に入る、彼女はかれらの法に、かれらの処罰に、かれらの審判に従う」からである（ジャイルズ）。(12)自分にとって、もしかすると「教会」そのものであるのかもしれない「父」の暗黙かつ恒常的な「インキジチオ」にさらされつづけ、生活の確保や生存の保障のすべてをその「男」に委ねきっていた思春期の少女に、スペインの聖女とかわることのない恐怖と不安を認識することはむずかしくはない。かりにフリーメーソンの自由思想家であったともいわれるトマスに神秘的な能力をもつテレサへの宗教的な畏敬がふくらんでいたとしても、それによってテレサの軌跡において数々の審級で下されたトマスの決定を説明することはできない。そこにはむしろ、同時代者の証言からも後世の書き手たちからも端正に「消去」されている、インセスト的な関係の匂いが抑えがたく感じられないだろうか。テレサの人生を「歴史的時代と場所の産物」として、そして米国亡命以後を「霊的、道徳的、身体的な衰弱」(レオン)としてとらえる見方に強い疑問を抱かせる理由はここにある。

すでに再三繰り返してきたように、テレサ・ウレアの生涯をめぐる資料はけっして豊富なわけではなく、細部にわたって検証できるほどの信頼に足る調査研究が存在するとはいいがたい。手にしうる文献にしても、この「聖女」にたいする恣意的な、あるいはエキゾティックとも思える視点からまとめられており、何よりそれがテレサを客観的な文化批評の対象とは考えてこなかった印象すら与える。[13] メキシコ民衆宗教においては「聖人」と讃えられる男性治療師は少なくないが、しかし政治的かつ社会的な反響の大きさを比べれば劣るわけではないテレサについては、明らかに言及される例は少ない。クランデーラとして多くの病める者たちの崇敬を集めながらも、国家権力に抗して蜂起したインディオたちの信心を裏切るように米国追放後はそれら反政府運動との関係を公然と否定し、二度にわたって不可解な「結婚」をしたうえ、米国の製薬会社と「結託」して「ヒーリング・ツアー」を敢行した混血のクランデーラに、真摯な思考に値する部分などないとでもいうように。ここで問われているのは、家父長制や近代政治システムの犠牲者としての女性ではなく、そこにおいて形成される「真理のモデル」としての神秘体験、そしてその主体として霊にとり憑かれた「女たち」なのである。

その後ツアーはニューヨークへ移動、そこでテレサは長女ラウラを産む。同じ頃、テキサスにとどまっていた父トマスが死亡、六十三歳だった。テレサは父の死後、ロサンジェルス東部にあるチカーノのホームタウン、ボイル・ハイツに居を定める。イースト・ロサンジェルスといえばハリウッドやビヴァリー・ヒルズを擁する西部とは異なり、メキシコ系を始めとするラティーノ、黒人、アジア系等が混在するマイノリティの多く住む一帯だが、歴史的にメキシコ系人口が大半を占めるこの街でも、ソノーラ他のメキシコ側からも治療をもとめる患者が大挙集結したという。その一方でテレサはこの街のメキシコ系人口の抱える社会的かつ経済的な窮状に強い関心を示し、それによって主流社会のシステムに反感を抱く者たちにさえも不安を与え、ついにはテレサの滞在先の家が放火にあって消失するという結果に終わる。〇四年春には製薬会社との契約を履行したものと主張して破棄し、こうしてテレサはクリフトンにもどってその契約金をもとに自宅を建設する。同年一月には次女マグダレーナが誕生。しかしそれから衰弱が激しくなり始め、〇六年一月十二日、三日前にメキシコから母カジェターナを呼び寄せていたテレサは、みずからの最期も予言してあり（イエスの享年とおなじ歳で亡くなるとも）、その言葉通りに息をひきとった。遺体はテキサスに眠る父親の隣に埋葬された。

（1）レオンはトマスによるインディオの女たちへの行動を「性的暴行」と考えている（Luis de León. *La Llorona's Children. Religion, Life, and Death in the U. S.–Mexican Borderlands.* University of California Press, 2002）。レオンは近年台頭してきた若いメキシコ系アメリカ人の宗教学者のなかのひとりで、後出のクランデリスモの現状については以下で興味深いリサーチを報告している（"'Soy una Curandera y Soy una Católica': The Poetics of a Mexican Healing Tradition". Timothy Matovina and Gary Riebe-Estrella (eds.). *Horizons of the Sacred. Mexican Traditions in U. S. Catholicism.* Cornell University Press, 2004）。

（2）ホールデンはアリゾナ大学歴史・考古学部長も務めた学者で、取材に約二十年を要したというテレサ伝はこの分野の基本文献のひとつとされている（Stephen Curry Holden. *Teresita.* Stemmer House, 1978.）。

（3）José L. Limón. *Dancing with the Devil. Society and Cultural Poetics in Mexican-American South Texas.* University of Wisconsin Press, 1994.

（4）これは憑依とシャーマニズムに関してすでに古典的な研究となっている以下において、一貫した説としてのべられている（Ioan M. Lewis. *Ecstatic Religion.* Routledge, 1971）。ただしルイスは、憑依カルトの中心／周縁性の問題は、それらが発生する社会的かつ政治的な状況から理解すべきだとしたうえで、中心的宗教では男性が実践主体を占めるのにたいし、周縁的カルトでは「従属的社会カテゴリーの男女」に限定されるとの見解をのべている。

(5) 教会や学術関係の文献では必ずこの表記をとる。ヘスース(Jesús)はイエスのこと。

(6) アビラのテレサについては別稿のなかでやや詳しく論じている(「幻視する女たち」、本書所収)。なおテレサの時代とスペイン異端審問については、続稿で立ち入って考察する。

(7) フーコーの「霊性」論はひとつのテキストとしてまとめられたものはない。なかで特に参考になるのは、一九八二年に実施されたコレージュ・ド・フランス講義第一日目の二回の講義である(『主体の解釈学 ミシェル・フーコー講義集成11』廣瀬浩司・原和之訳、筑摩書房、二〇〇四年)。

(8)「ボーダーランズ」概念については拙稿を参照(「彼女にはこの恐怖がある 名前がないということの」、本書所収)。アンサルドゥーアとその思想へ与えた民衆宗教イデオロギーの影響については、続稿で詳しく検討する。

(9) 前節で引用した記事と同じ。

(10) テレサとカトリック教会との関係は不明だが、当時米国の新聞が「破門された」と報じている(レオン)。

(11) 以上の引用部分は「真理と裁判形態」による(西谷修訳、『ミシェル・フーコー思考集成V』筑摩書房、二〇〇〇年。ただし文脈に即して訳語を変えてある)。七三年ブラジルでの講義録であるこのテキストに前節でのべた八二年コレージュ講義での「認識的な知」の表現はないが、認識の主体が社会慣行によって歴史的に構成されるとの主題は明らかに「霊的な知」との歴史的関係性から構想されている。

(12) Mary E. Giles (ed.). *Women in the Inquisition. Spain and the New World*. The Johns Hopkins University Press, 1999.

(13) 近年米国で出版された小説に、テレサの生涯を描く五百頁を越す大作がある(Luis Alberto Urrea. *The Hummingbird's Daughter*. Little, Brown and Company, 2005.)。詩やノンフィクションも手がけ全米図書賞等の実績をもつ作者は、名前の示す通り、トマスやテレサの末裔に当る作家だが、米国亡命までの前半生だけに限定した物語にはテレサらの〈神話化〉ともいうべき濃密な意志を感じる。

2　恋するロヨラ

これからしばらくはスペイン異端審問の時代に沿って、考えてゆきたい。はじめにイグナチオ・デ・ロヨラ(1)をとり上げる。

ロラン・バルトはそのロヨラ論を収めた書物の「覚書」末尾で、このように書いている、

記号を越えて（あるいは越えず）、記号表現を求めるとき、われわれはイグナチオ・デ・ロヨラの生涯については何ひとつ知らない。(2)

この引用の少し前で、バルトは「記号表現」を「この殉教者の肉体」といいかえている。それと呼応するように、やはり「はしがき」のなかで、「ロヨラからわたしにやってくるもの、そ

れは（…）ただ《いつでもわずかに涙で曇っている、彼の美しい両の目》」であるとバルトは書く。バルトのロヨラ論はここで照準されている「涙」と「目」によって編成されているといってよい。最終章ではかっこで留保しつつも、「彼の黒い目は涙を流す機会があまりに多いためいつもすこしばかり曇っていた、とひとは言う」との記述さえ織りこんでいるのは、つねにイグナチオの「目」が、そして「涙」がバルトをとらえて離さなかったからである。だからこそバルトはイグナチオの目が見つめるもの、その視覚作用をロヨラ論全体の核心とし、「イメージの正統性」と題する一章を設けている。

バルトはそのなかで、中世において想像力の行使の様式として支配的であった聴覚が、近代初期に起った「五感のヒエラルキーの作り直し」によって、視覚に転換する過程を強調している。「信仰は聴くこと」という命題は、十六世紀まで神学的に保証されていた「〈教会〉による言葉の権威化」の象徴でもあった。しかしバロック芸術が体現しているように、「耳」ではなく「目」を優位に置く視覚の時代は、官能の欲望に直結しやすい「イメージへの抵抗」をも同時に生み出す。一方では神秘主義者たちにとって、神の幻視またはより低いレベルでの「眺め」というイメージが神秘体験のなかで重要であるのは、それが「準備的役割という資格」を持つからであり、これらは新参者の修行でしかなかった。つまりイメージとは《精神＝霊の表皮》しか占めることはないのである。ここに伝統的な信仰の根拠である聴覚と新しい知覚としての視覚との、「矛盾を縮小しようと努めた」イグナチオの神秘思想の根幹があった。

この文脈でイグナチオが企てているのは、「イメージの根源的絶対支配」であった。それは「眺め、表象、アレゴリー、事蹟(あるいは福音書的逸話)」として想像力の領域で生産され、霊的生活の核心をなす黙想を構成する単位となる。しかしイメージが承認され得たのは、歴史的にはイエズス会によって(印刷された図版や福音の伝導を通じて)実践された組織的貢献の帰結であったが、神学的な意味ではイメージをもって神と合一する過程の諸段階のひとつとするのではなく、言語活動の一単位とする操作が要請されたとバルトはいう。そこでイメージの領域を言語体系として編成することによって、「言語作用はキリスト教信仰の特性を正当化する」との原理がうちたてられる。そして祈りは分節化されなくてはならず、イグナチオが霊性に関する指導書において開陳している細密な句読法が示すように、この分節作用という方法を採用することで、イグナチオは「イメージに言語的存在を、したがって正統性」を与えるのである。こうしてバルトがレクチュールの対象とするイグナチオの最も名高い著作は、「イメージの散乱に対する激烈な抗争」へと変貌する。

しかしバルトの描くいわばイメージ戦略家としてのイグナチオは、あまりにもバルト的記号理論の格子が強固であるため、ある地点へ来ると奇妙な曖昧さをたたえる。それがイグナチオの涙である。バルトはキリスト教史の世界で「涙の賜物」がもつ重要性を指摘しつつ、肉体のレベルにおいてうちたてられる「神の顕現」として最初に現われる涙（「このきわめて物質的な涙」）とは、その言語作用において「文字通り一個のコードを構成する」という。このあと、「神の顕現」または《霊動》は「言葉の流出」（ロクエラ）、「全身的感覚の印象」を経て、それは「直接的」に発生し、幻視は事後に「下された決定を保証するためにやってくる」。大著『キリスト教神秘思想史』の著者ルイ・コニェが幻視とともに、イグナチオにもたらされた「尋常ならざる数多くの恩寵」として涙をあげているのは、両者の研究上の方法論的差異を越えて興味深い。コニェはバルトのあげている外部からの賜物（涙、ロクエラ、幻視）を肯定しながらも、それらは使徒としてのイグナチオの「活動を条件づけ、可能にするもの」という文脈で、「常に内的な大きな光がともなっている」とのべている。つまりその霊的生活において、涙とは神秘的受動性として使徒的活動にもたらすモチーフのひとつということである。だが視覚が信仰行為にとって優越的な地位を獲得する文脈のなかで、イグナチオの涙はさらに慎重な考察を要請するだろう。

イグナチオは泣く。晩年に口述筆記の形式でまとめられた『自叙伝』(3)において、使徒イグナチオを決定づけた有名な神秘体験の現場となるマンレサの修道院の階段では、「それ〔三位一体〕を観ている間、抑えることのできないほど、涙と嗚咽が溢れ出て」、また晩年には重篤な病いに冒され、死を観念しながら「非常に大きな快活さと霊的慰めを感じ、溢れる涙が流れ」出しただけでなく、『イエズス会会憲』を執筆していた時には、そのために検討している問題を神に提示し、「祈り、ミサを捧げるときはいつも涙の恵みを受けた」とイグナチオはのべている。日記によれば、それは「ほとんど毎日のことで、多くの場合、一日に何回も現われた」(コニェ)とされている以上、涙の体験がイグナチオの生涯にわたって重要な意味をなしたことは疑い得ない。

イエズス会士でもある精神分析家マイスナーは、イグナチオの神秘体験における涙の特異性に着目し、そこで中心的な役割を果す「目」の機能を精神分析の視角から考察している。(4) マイスナーによると、「嗚咽」とは自己が失ったひと、またはモノを見られず、そして見る行為が無益である事実を次第に受容しなくてはならないために生じる。したがって喪失を確定する最も重要な器官としての「目」は、同時に苦痛からの救済を表現し、自我分裂の脅威を縮減するようにも作動する。そこからイグナチオの神秘体験における神の顕現を、かれが「包むことも抑えることもできないほど圧倒的でいとおしい自我の交感」と理解することができる。そして精神分析理論における幼児体験の重要性を引きつつ、神秘体験がイグナチオの生涯の深層にある「感情的欲求」に対応していたとするなら、そこには「かれが生涯のはじめに奪われてしまった愛する母や父との幼児的な合一への欲求」が含まれていたとの仮定が成り立つ。事実イグナチオは生後すぐに母親と死別したため実家から少し離れた鍛冶屋の妻に育てられ、長じて戻ってからも、生地ロヨラの城主として不在が多く、疎遠だった父親も十七歳の時に失っている。両親からの愛情に満たされることのなかった成人が神との合一にその代補をもとめたのだというのは、いかにも精神分析的な解釈ではある。マイスナーによる説明には納得しがたいかもしれないが、ここからまた別の、興味深い仮説をみちびくことはできる。

『自叙伝』で際立っているのがその神秘体験であるのは自明だが、そこでしばしば遭遇するのが女性たちに関する記述であるのは、謹厳な修行者に他ならないイエズス会創立者の伝記としてはかなり特異なように思える。「かれは二十六歳まで、この世の虚栄を追求する人間だった」との導入で始まるこの自伝は、それゆえに記述される時点までのイグナチオの人生がまったく消去されており、「虚栄」とは何であったかについての説明も何もない。わずかに戦闘での足の重傷による手術後の回復期に「ある貴婦人」に関する妄想に触れられ、それは「世俗的な思い」として反復もされるが、物語自体は回心から神秘体験、さらに巡礼の旅へというルートをよどみなく進んでゆくだけだ。そして巡礼の旅の途上で、イグナチオは多くの「高貴な」「貴族の出の」女性たちに出会う。イグナチオ自身はその使徒的活動のなかで、女性たちへの霊的指導をきわめて重視したとされており、ローマ滞在中には同志たちへ、「高貴な出自の婦人たちでなければ、霊的な対話は絶対におこなわない」ように繰り返したといわれる（マイスナー）。これを裏書きするように、会創立後のイグナチオは王室や貴族につらなる多数の女性との交流を維持し、彼女たちを通じて当時ヨーロッパ最大の権勢を誇るハプスブルグ家の一族やローマ教皇にまで関係を築いた。だが同時にイエズス会は一貫して女性信者の入会を認めることなく、とりわけイグナチオは熱心な女性の要請に屈して一時的にこの方針を撤回する状況に巻きこまれるが、その後ただちにパウルス三世へ請願をおこない、イエズス会聖職者への恭順のもとに身を置くことを望むあらゆる女性の霊的指導をイエズス会へ禁ずる措置を、教皇書簡という形で講じている。

しかし生地に近いアスペイティア地方へ赴いたとき、イグナチオは「妻帯」する司祭らを厳しく批判しつつも、その「妾」である多くの女性が「妻」のみに許されていた習慣である「頭の被物」をつけ、しかも公然と「妻」としてふるまっていた「悪習」を憂慮している。そして語っている、

この悪習から多くの悪が生まれた。そこで、巡礼者は知事を説得し、法律を制定させ、正妻でないにもかかわらず被物をしているすべての女性は正義によって処罰されるようにさせた。

ここで理解すべきなのは、「処罰」されるべきは男性である聖職者のはずだという正しさではなく、イグナチオの注目しているのが「頭の被物」であるという視線の様式にある。それがある時代のスペイン社会における「正妻」の社会文化的な記号であることは自明だが、その条件を欠きながら「被物をしているすべての女性」を「処罰」の対象にしたとのべるイグナチオの記

憶は、「妻か否か」よりも「被物の有無」そのものに向けられているようにも見えてしまう。これは「イメージの正統性」の擁護者としてのイグナチオの視覚的思考に由来するだけではなく、「女性」自身によりも「婚姻」という社会制度を絶対化する、さらには「出自」によってジェンダーを分類化するイグナチオの思考体系をよく映し出している。したがってイグナチオのジェンダー・ポリティクスは創立してまもない会の維持、発展のために行使されるきわめて政治的なものであり、一方でその明らかな「女性蔑視」は、この時代の男性であるなら特に指摘するまでもなく共有された社会通念であるのかもしれない。やはり『自叙伝』で「高貴な婦人」たちについてはしばしば固有名をあげながら、教義や道徳に反する行動を冒したとみなされる者については「婦人」「母娘」とだけ呼んでいる「区別」も、この通念の圏域にあると考えられる。

ここでむしろ疑問を感じさせるのは、イグナチオはイエズス会総長職という激務をぬって、しかも不安定な闘病生活のさなかに開始されたこの長くはない自叙伝を通じて、なぜこれほど多くの女性たちに言及しているのかという事実である。自叙伝、ライフヒストリーとはきわめて曖昧なジャンル形式であり、記憶からの多くの削除や修正によって製作されるとの意味では、本質的に創作とかかわるところはないともいえる。とりわけこの伝記のような口述筆記の場合、書記という「他者」が介入することによってさらに複雑な問題を提起するのは、異端審問に関わる記録文書の解読などでは基本的な前提になっている。たしかに『自叙伝』の書記役を務めたゴンサルヴェス・カマラは、後世の研究者からの評価も高く、むしろ篤実な筆記者だったといえるかもしれない。しかしだからこそ、新興修道会の長という地位、そして口述開始時には六十歳を越えていた年齢と不安定な当時の病状を考えるとき、はたしてイグナチオがどれだけ誠実かつ正確に自己の過去を復元しようと意識したかに疑いを抱くのは、ごく自然であるだろう。そのうえでそこで語られている女性たちとの関係を解釈するならば、むしろここにこそ、イグナチオの（少なくとも）女性にたいする率直な意識、記憶が能動的に表出してはいないだろうか。

実母との早い死別、青年期の「虚栄」、使徒的生活における女性信者への指導及び交流、会創立後に展開された「高貴な」女性たちとの関係、これらはイグナチオのセクシュアリティを考えるうえで不足のない前提となるかもしれない。マイスナーはそれを「昇華されたセクシュアリティ」と名づけ、次のようにのべている。

リビドー的愛着の流れは、霊的な外観のかげで、これらの女性たちを霊的な郷士へ引きよせる昇華された愛においては活発であった――それは、両者の側で否定、抑圧されはしたが、しかし女性たちもイグナチオも実質的に排除し得ない悩ましい要素でありつづけた、愛そしてエロス化された愛情であった。

霊的指導者としてのイグナチオと信者である女性たちとを、あえてセクシュアリティの場所においても同列に置こうとするマイスナーの解釈には、やはりジェンダー化される権力関係への無意識の排除があるといわねばならない。しかしこの指摘のなかで、イグナチオにおいて「否定、抑圧」された愛は、『自叙伝』の語りを通じて登場する女性たちにも濃厚に反映されているように思える。自分たちの信仰活動を支援し、協力する女性たちに向けられるイグナチオの視線は、「総長」という地位を越えて、ジェンダー／セクシュアリティの交錯する対象へまとわれる視線である。繰り返しイグナチオの脳裡を去来する彼女たちの記憶は、その「男性性」を構築するモチーフとして再生されるかのようでもある。というよりここではむしろ、このバスク人は世俗的な「愛」を経験しないままに成長し、そして回心してしまったのではないかとの想像にかられる。神やキリストへ熱情的に注がれる「愛」は知ることのなかった「愛」の代補というより、「愛」への導入として機能し、「自己への変形」を加えられたのちにセクシュアリティとして生成される。そしてここまでくると、神秘体験で流されるイグナチオの涙は、女性たちの幻視体験における セクシュアリティと相似した意味に満たされるにちがいない。

キリスト教神秘主義の歴史を通じて、女性の神秘家が果した役割はけっして小さくはない。中世においては後の神秘思想の流れに先行するような顕著な例もあり、その一方でマイスター・

エックハルトの説教には信徒組織ベギン会の女性たちが参集し、それゆえにかれの思想は「彼自身とその聴衆である女性たちとの両者の霊的体験である」(コニェ)。さらに十六世紀はじめにスペイン全土に伝播し、宗教裁判所から「異端」として激しく攻撃された照明派(alumbrados)のように、ジェンダーを越えて会員が集い、なおかつその中心には女性がカリスマ的に君臨した例すら存在する。[5] にもかかわらず、イグナチオが細心ともいうべき注意をはらって、階級差を意識しつつも女性たちとの接触を警戒しつづけたのは、まさにイグナチオの生きた時代が異端審問の全盛期であったからだ。最近の研究でも示されているように、宗教裁判所が最も活発にその威力を発揮したのは最初の数十年間のことであり(ローリングス)、その末期はちょうどイグナチオ自身が三度にわたってこの機関から告発を受け、投獄体験ももった時期に重なる。処刑や拷問といった残忍な見聞が流布していたこの制度にたいして、新しい信仰活動に献身していた若きイグナチオが敏感に反応しなかったとは考えにくい。『自叙伝』では特にサラマンカでの審問、投獄、裁判にいたる経緯は詳細にのべられているが(第七章)、自身と司法官との応酬を交えて事実関係を慎重に組み立てようとするイグナチオの語りには、これらの体験を自己及び組織の宗教的正統性の証明として提示する意志が堅固に感じられる。だからこそ「異端」の嫌疑をもたらすあらゆる対象を忌避しようとするイグナチオの心理が、女性信者一般へ強くはたらいたことは疑い得ないだろう。「キリストの兵士」として自己表象し、軍事的な比喩を愛好したレトリック上の戦略もまた、霊的生活を男性の領域として画定する意図の帰結である。

しかしそうした歴史社会的な圧力を考慮したうえでなお、イグナチオの他者への視線にセクシュアリティの欲望が排除できないとするなら、それは神秘体験そのものがセクシュアリティを内包する現象だからである。男性である神との合一によって主体と客体、秩序と混沌といったさまざまな差異の消滅する神秘体験が、女性の場合、とりわけ「幻視」という経験によってセクシュアリティの表象となるとの見解は、近年になってようやく認知され始めている。「すぐれて霊的である事実とおなじほどの強度で、セクシュアリティの場所である」(杉浦「幻視する女たち」、本書一一二頁)神秘体験は、イグナチオにおいては「神との合一」から得られる情動を媒介として、女性のセクシュアリティと近似した機能をおびることだろう。ジェンダーによって差異化され、構築される境界を踏み出て、教会や制度とは矛盾するがそれらと関係づけられた知に身を委ねることで、まさしくイグナチオはキリスト教神秘体験としてアイデンティティ化される「本質の形而上学」(サイード)からの逸脱を遂行する。このとき、イグナチオという霊性家は「男性」というジェンダーにおいてよりも、はるかに「女性」の神秘主義者、幻視者たちの系譜のそばに立つ。

イグナチオの目がいつも涙で濡れているのは、神からさまざまな「涙の賜物」を受けとることにより、充足される欲望の表れであるだろう。同時にその目が映し出しているのは、「女性信者の場合には異性愛的な、男性会士にたいしては同性愛的な」(マイスナー)閉ざされた欲望に他ならない。反宗教改革の時代にエルサレムからローマ、パリ、フランドルまでを旅して歩き、「男性的」かつ強靭な信仰体系を築いた偉大な霊性家としての「ロヨラ」は恋している。そこにいるのは全身全霊で「世界」を抱擁し、「世界」からとめどなく愛されることを願ってやまなかった「キリストの兵士」、すなわち「恋するロヨラ」である。

（1）日本語表記については複数存在するが、以下では（テレサと同様に）地名ロヨラではなく名前を使用する。
（2）『サド、フーリエ、ロヨラ』（篠田浩一郎訳、みすず書房、一九七五年）。以下、バルトの引用は同書によるが文脈に即して語句を変えてある。
（3）以下の引用は『ある巡礼者の物語』（門脇佳吉訳、岩波文庫、二〇〇〇年）による。以下では書名を『自叙伝』とする。
（4）W. W. Meissner. *Ignatius of Loyola. The Psychology of a Saint.* Yale University Press, 1992.
（5）ペリーは照明派とイスラム神秘思想スーフィー派の類似性を指摘し、両者にとって「神秘思想と幻視体験は宗教の〝女性化〟と呼ばれるものを推進した」とのべている（Mary Elizabeth Perry. "Contested Identities. The Morisca Visionary, Beatriz de Robles". Mary E. Giles (ed.). *Women in the Inquisition.* The Johns Hopkins University Press, 1999.）。

3 グワダルーペ村の母と子

1

『裁かるるジャンヌ』は、あらためて説明するまでもなく、世界映画史上にその名をしるすカール・ドライヤー監督によるサイレント映画の傑作である。ジャンヌ・ダルクの裁判から火刑場での最期までを描いたこの映画が、したがって異端審問をその背景としてもつのは必然的である。ジャンヌは一四三〇年五月、ブルゴーニュで戦闘中に捕虜となり、同年中にルーアンへ移送、投獄された。そして「処刑裁判」は翌三一年一月に開始、ジャンヌが法廷に姿を現わすのは二月のことであり、繰り返された審理ののち、五月三十日に同市のヴィユ・マルシェ広場で破門宣告が執行、ただちに火刑に処せられる。つまりドライヤーの映画は、最後の三か月間のジャンヌを描いていることになる。

ドライヤーの映画が公開された一九二八年当時、パリに滞在し、胎動する前衛芸術を紹介する特派員めいた仕事をしていた若きルイス・ブニュエルは、マドリードで発行されていた芸術専門誌『文学新報』で、この映画の衝撃をあざやかに伝えている。「まちがいなく、新しい映画の時代の最も斬新にして興味をそそるフィルム」とのたかぶった讃辞から始まるその批評は、映画的な視点からショットの構成や演出、メーキャップについて語り、簡潔ながらも公開時の興奮を伝えるなまなましい筆づかいに貫かれている。異端審問にはゆかりの深い北部アラゴン地方の出身ではあるけれども、映画批評という枠のためか、ブニュエルは「異端審問」という背景については何ひとつ言及していない。だがたとえば次のように法廷でのジャンヌと男性聖職者たちとの対峙を描写するとき、かれがこのシステムの真理を歴史や認識でよりも、ドライヤーの提示する圧倒的な映像の魔力によって、あまりにも鋭敏に洞察している事実が理解できる、

鼻、眼、唇、それらが爆弾のように炸裂する、剃髪、《乙女》の無垢な胸にむかって突き出される人差し指。彼女は応え、泣き、あるいは泣きながら少女のように放心する、その指と、一個のボタンと、修道士の鼻にとまるハエと。(1)

異端審問はローマ・カトリック教会が異端を根絶し、キリスト教圏の統一を防衛する目的で設置された制度、機関であり、中世においてはフランス、イタリア、ボヘミアでも執行されていた。ジャンヌの裁判の過程を調べると、彼女が当時の英仏両国の権力抗争にはさまれるように位置した複雑な存在であることを前提としても、異端裁判の司法権や審理の手順などにおいて、スペインで実施されていたシステムとは明らかに異なる点がある。スペインの異端審問は国王イサベル一世の指揮のもとで、ローマ教皇の許可もとりつけて創設され（一四八一年）、そして発祥と同様に国王イサベル二世によって廃止された（一八三四年）、それ自体世俗の権威による制度といってよい。そこから時代によって制度の内容に変化が存在するが、しかし、その存続期間や影響力の範囲において、スペイン異端審問ほどつねに西洋の歴史において負の象徴となってきた制度はない。同時にそれは、とりわけ十六世紀半ばに流布した「黒い伝説」によって、この国の人種的かつ宗教的狂信を喧伝する文化イメージをもたらすのに貢献し、スペインを「不寛容で野蛮な」国家として、西ヨーロッパから隔絶する要因のひとつともなった。こうした「スペイン異端審問」イメージに重大な変化を与えるようになったのは、フランコ体制以降になって民主化が進行し、旧来のスペイン独特の保守的な学問風土が刷新され、海外からの研究者がこの分野にも参入して異端審問をめぐる再評価を開始してからである。(2) スペイン史全体に関わる「歴史修正主義」はこの分野に限定されるわけではないが、特に異端審問や神秘体験と女性に関する研究が急激に増加したのは、スペイン社会の民主化や女性及びジェンダーに関する研究の世界的な発展を考えるなら、個人的な印象ばかりではないだろう。

そうした新しい解釈によって、異端審問は一般に想像されてきた通りのイデオロギー支配装置ではなかったとの認識が強くなっている。こうしたイメージ自体は宗教裁判所が執行した拷問や死刑などの残虐性に起因するが、実際には最初期の二十年間を除外すると、それらはほとんど適用されなかった事実が判明している。さらに、その対象はユダヤ人などの宗教的マイノリティに限定されていたわけではなく、一五四〇年代に開催されたトレント公会議以降は、旧キリスト教徒のセクシュアリティ、瀆神、魔法魔術、迷信実践などに中心化され始めた。それによって裁判のかなりの事例が広く一般に拡大され、その行動や信仰を矯正する目的で執行されたことを示すが、いいかえるとこれはシステムの標的が個人の内面にある思考や信仰によりもむしろ、社会的に承認しうる正統的規準からの逸脱に移行してきた事実を意味するだろう。いうまでもなく、「危険のコード化」としてフーコーが名づけたように（『異常者たち』）、これが近代以降の市民社会において発展した検閲や監視のシステムの原型にもなっているのは興味深い。その一方で、宗教裁判所そのものが強大な権限をもつ機関ではなく、教会や国王はもとより、政府の諸機関の司法権にも適応しなくてはならなかった実態もあり、財政的にもほとんどの時期で、没収した私財以上の負債を抱えたと指摘されている。そしてその活動は十七世紀になると急激に衰退したことも裁判記録のデータからは証明されているが、とはいえ時代や地域に応じて多様な要求や環境に順応できたからこそ、ある歴史家のいうように、スペインのシステムは三五〇年間にわたって維持し得たのだろう。

しかしここで強調しなくてはならないのは、少なくとも草創期の制度においては、ローリングスも指摘しているように、スペイン異端審問はまぎれもなく「犠牲者が情容赦もなく追及され、懲罰がごく厳格に適用された」抑圧的な装置であったという現実である。ユダヤ人という「異端の恐怖」は、非ユダヤ人も含めた民衆にたいしては「告発される結果生じる恐怖」と結びついて、この制度の定着に圧倒的な効果をもたらしたといってよい。フェルナンデス＝アルメストは的確にもそれを次のように要約している、

異端審問は、通常の法廷では隣人を起訴したり、社会的上位にある者を脅かしたりすることのありえない貧しい者たち、素朴な者たちが抱く不満にとって、社会的な安全弁として機能した。イサベルとフェルナンドの治世以降、それは通俗的に想像されている血なまぐさい裁判所ではなくなったが、心の苦痛や偽の異端告発を奨励することにより、たしかに善を越える悪をなしたのである。(3)

ひとりの人間やひとつのコミュニティにも、政治や宗教、法律、人種やエスニシティ、経済、ジェンダー、文化などが複雑に交錯しているように、異端審問もまたそれらの境界線がさまざまに横断する圏域である。というよりもむしろ、それらが条件づける者たちを「分断し、抑圧する」装置と呼ぶべきかもしれない。「隠れユダヤ教」や「マラーノ」として分類＝差異化し、ひとりひとりの人間たちの経験や感情を歴史の「悲劇」としてしまうのではなく、それらを錯綜した関係や構造の網の目のなかで解読し、生きられた経験として共有することがここでは要請されている。そのひとつの象徴的な事例をグワダルーペ村の母と子に知ることができる。

ジャンヌ・ダルクが火刑場で姿を消してからほぼ半世紀後のスペイン、中西部にあるグワダルーペという村へ、宗教裁判所の一行が到着したのは一四八四年十二月二十六日のことであった。(4) グワダルーペの位置する一帯は十一世紀からイスラム教徒の支配していた地域であったが、十三世紀に入るとレコンキスタと呼ばれる国土回復戦争に勝利したキリスト教徒の勢力圏に回帰する。まさにその時期、とりたてて特徴もないその土地で、のちに「小さな黒い聖女」(la morenita santa) と呼ばれる聖母が道に迷った牛飼いの前に出現して、その場所へ聖堂を建立するようにと告げる出来事が起った。近在の司教らを巻きこんで調査、検証がおこなわれた末、お告げ通りに聖堂は立てられた。さらに聖母の出現に伴う「奇跡」が報告されるに及んで、ビリュエルカス山稜に囲まれたグワダルーペの村は聖母の地として、各地から訪れる多数の巡礼者を迎える聖地に変容し急速に栄え始めた。国王をはじめとするカスティーリャ王室からの参拝者も抱え、聖母のもたらす数々の「奇跡」は国境をも越えて伝播し、やがて十五世紀になるとグワダルーペはイベリア半島において、スペインの守護聖人が祀られるサンティアゴ・デ・コンポステーラを凌駕する巡礼者を集める霊的なセンターへと発展するまでになる。

マリ・サンチェスは村の目抜き通りであるセビーリャ通りで、肉屋を営む夫ディエゴ・ヒメネスと暮していた平凡な女性だった。巡礼者たちが聖地へ向かう村の中心部にあるこの通りは、いつも旅人めあてに商売を営む商人や職人、土地の修道士たちでにぎわっていたといわれる。夫婦は三人の子どもをもち、数人のメイドを抱えていたところから、貧しくはないが村の一般的な住民並みの生活を送っていたと考えてよいだろう。娘ふたりは成長して結婚すると、この地域にある別の村へ嫁いで行った。その後、ディエゴは病床に伏し、マリが一年半にわたってつづけた看病もむなしく、夫は亡くなる。マリはセビーリャ通りを離れ、村の一隅に転居するが、やがて宗教裁判所が活動を開始する八五年には不幸から回復し、愛人さえもっていたとも伝えられている。しかし、マリはユダヤ人またはその子孫がキリスト教へ改宗したコンベルソ、あるいは「新キリスト教徒」のひとりであり、しかも今なおユダヤ教を信奉、実践していると村びとから広く信じられていた。

八五年一月、マリ・サンチェスは宗教裁判所の定める「恩寵期間」(período de gracia)に応じて、「和解」(reconciliación)の陳述書を提出する。数週間の猶予が認められていた「恩寵期間」とは異端審問の初期に実施されていた制度であり、「モーゼの律法」への信仰(いわゆる「隠れユダヤ教」)を異端の活動として書面で告解する者は、それらの行為を理由としては懲罰を課されないことが認められた。実際にこの村でほぼすべてのコンベルソは「隠れユダヤ教」を自白し、悔悛を表明、そして教会によるキリスト教への再承認という意味での「和解」の赦免を請願したとされる。今日の推計によると、一五三〇年までに異端審問で死刑判決とされた件数は約二千人だが、「和解」によって処刑を免れた者は一万五千人にのぼるといわれている。さらに裁判による犠牲者の総数からいえば、死刑ではないが厳罰によって「和解した者」、または違反の重度によって懲罰に幅があった「懺悔した者」がその八〇%を占めるという調査もある。

マリの「和解」の陳述は最初の部分で、次のように始められる、「……犯しました罪の数々を心から恥じ、悔み、反省しつつ、尊師各位の御前に失礼いたします、われらの主、救世主イエス・キリストに背き、われらの神聖なるカトリック教に背きまして、おおいに悔み、それらの罪を後悔しております、心からの罪の痛みとともに、これらの罪が悔い改められますよう、御皆様へお願い申し上げます」。異様なまでに悔悛の情が強調されたこの陳述からは、設置されたばかりの宗教裁判所への底知れない恐怖の感情がにじみ出しているだけでなく、同時にみずから実践した「隠れユダヤ教」を包み隠さず表明して、無実をかちとる悲痛な欲求さえ感じられる。そして実際にもマリはこのなかで、ユダヤ教のサバトを遵守したこと、すなわち清潔な衣服を着け、毎週金曜の夕べには蠟燭を点し、すべての労働を避けたこと、夫ディエゴの死はユダヤ教の伝統にしたがって喪に服し、食事は九日間床の上でとったこと、またコッシャーを蓄え、ヨム・キプールのような断食を守ったこと、その一方で不調を口実にして金曜に肉食をし、キリスト教の断食を無視した事実までを列挙している。

しかしマリ・サンチェスは、何もかもありのままに告白してしまうような「素朴な者たち」には属していなかった。グワダルーペではユダヤ人の聖地への居住が許されていなかったので、特に外部のユダヤ人と食事を共にしたり、かれらの家を訪れたりする行動を通じて、その接触は強い嫌疑の対象となっていた。彼女はグワダルーペから四十キロほど離れたトルヒーリョという大きな町へ出かけた時に、そこでモセというユダヤ人に「名前」で呼ばれ、町のシナゴーグを見に誘われた経験を語っている。徒歩の時代に遠い町まで出かけ、さらに「名前」で呼びかけられた事実にモセというユダヤ人との関係が浮き出しているが、この出来事は審問官の関心をひく。提出後の尋問で陳述書の内容についてさらに質されると、マリはトルヒーリョへ出かけたのは単身ではなく、他に「複数の女性」がいて行動を共にした事実を認めた。だが慎重にもそれらの女性は「旧キリスト教徒」であることを付け加え、一名を除いては名前も明かすことはなかった。マリが同行者の素性を暴露しなかったのは、いうまでもなくキリスト教徒の明示的な存在によって異端行為を緩和しようとする自己防衛のためでもあるが、一方では仲間であるコンベルソを保護する意図も含まれていただろう。こうした一連の経過からは、すでに審理以前の段階からマリが強い警戒心をもって宗教裁判所に対峙していた状況が伝わってくる。

二月、マリは裁判所へ告解をおこなった結果、約二百名の新キリスト教徒とともに公的には「和解」とされた。しかし「和解」とは放免のことではなく、それ以降に延々とつづいてゆく審問官による調査、そして審理を前提としている。この段階でコンベルソはひとり残らず法廷に出頭し、死者ですら審理にかけられ、家族の見守るなかで遺体が掘り出され、火刑に処された。生存する新キリスト教徒は大半が死刑または追放が宣告され、終身刑や赦免は例外的であったとされる。こうした恐怖と戦慄の状況のなかで、マリが熟慮を重ねた末に提出した陳述書は、審問官による証人喚問を経て反駁され、かれらの執拗な糾明にさらされることになる。すなわちここで、「和解」とは新キリスト教徒にとって、その懺悔こそが虚偽かつ装われたものであるとの告発の根拠に転換したのであり、陳述書の究極の目的とは事実上、陳述者の違反を詳細化し、罪として再構築するモチーフにすぎない。夏になると娘（後述のイネスとは別）の夫オロ・ブラスケスが火刑に処され、故人である夫ディエゴやその娘の審理も開始されていた。ディエゴの審理に立ち会っていたマリ自身の審理は未決定だったが、それが遠くない現実であることは痛切に感じていたにちがいない。

聖母グワダルーペの祭礼のさなかである九月七日、マリは異端審問検察官（promotor fiscal）フェルナンデス・デ・サモーラによって告発された。スペイン異端審問の裁判形態は、当時ヨーロッパで運営されていた世俗の裁判とおおむね相似しており、ローマ法及び教会法に基づいてきわめて秩序立てられ、官僚的な法律手続きにしたがっている。そこで被告には弁護士兼法務官（letrado y procurador）が任命されるが、マリの場合、法務官としてフワン・デ・テヘーダ、被告弁護人としてドクトル・デ・ビリャエスクサが就任した。両者は被告一般の弁護活動を責任をもって遂行したとされているが、その職務が裁判所及び代理する被告とを仲介する役割にあった以上、マリとの関係においてはもともと限界があったようだ。ふたりは宗教裁判所に所属する役人であり、しかもビリャエスクサに関しては、裁判所の本拠のあるシウダー・レアルから審問官たちと同行して来た人物でもあったのだ。

フェルナンデスの告発の内容は詳細にわたるうえ、陳述書でのマリの主張を反駁するのに周到をきわめた。マリはコッシャーを保持していたのみならず、ユダヤ法にしたがって動物の頭部を切断したこと、野生動物の調理を避けなかったこと、伝統的なユダヤ教のサバト料理を作ったこと、そしてサバトの遵守については「聖日である日曜日にキリスト教徒がするのとまったくおなじように」したこと、日曜日にも労働したこと、ユダヤ人を自宅に招き、食事を共にしたこと、トルヒーリョのシナゴーグへ油を送りつけたこと、また亡き夫がユダヤの書物を朗読するのに耳をかたむけ、主（アドナイ）の名が出てくると両目と両手をあげて祈ったこと、さらには息子の受洗後、聖油を頭から洗い落としたこと、娘たちにユダヤ教の実践をつづけるように強制したことさえ指摘された。告発の陳述後、被告はその筆記記録を受け取り、回答を作成するのに六日間の猶予が与えられる。そして大半のコンベルソと同様に、マリはすべての告発を否定することを選択した。九月十六日、テヘーダは判事へ公式の回答を提出して、検察側による追加の告発にたいして逐一反論をのべ、マリ・サンチェスは無実であると主張した。マリ自身が弁護人を通じ、夫の審理に出廷した証人たちの発言を根拠として、自己の潔白を主張している。この段階で、マリはすでに過去の罪については陳述書で認めており、みずからがのちの告発には関与していない無実の被告であるように自己提起しているといってよいだろう。

九月二十日、弁護側証人が出廷した。男女七名からなるこれらの証人は、マリとの交際が十年以上前にさかのぼることや、最近の彼女の行動や信仰についてはほぼ無知である者もいて、結果的にはマリの弁護について積極的ではないか、適任ではなかったのだろう。ただ家族も含めたかれらの被告としての裁判記録が存在しない事実や、就いている職業から判断して、旧キリスト教徒であったと推定されるのは、マリや弁護人の意図ではあるにせよ、重要であったにちがいない。

九月二十八日、検察側証人が出廷する。マリへ不利な証言をした者たちは、かつての使用人や新旧キリスト教徒の隣人も含めて、二十名を数えた。動機はユダヤ教の強制（使用人たち）、村内の政治的対立（村長の妻）、審問官の圧力（コンベルソ一般）など多様であったが、積年の恨み、反感を抱く者たちがこの機会を利用して、マリに非難を浴びせかけた光景は容易に想像できる。なかでも娘イネスの証言は際立っていた。イネスは他にも多くの裁判で証人としてその名が記録されており、異端審問には積極的な協力者であった事実がうかがえるが、数名の住民たちも記憶していたように、このような証言がのこされている、

父は良きキリスト教徒である、しかし母マリ・サンチェスはどこまでもユダヤ教徒である。

2

グワダルーペという村は、その規模や人口から考えると、スペイン異端審問の歴史にとっては逆に無視できない名前である。この分野で最初の徹底した史料調査に基づく網羅的な通史であり、まさにその企ての大胆さゆえ、フランコ体制の終焉までスペイン語版刊行が実現しなかった米国の碩学リーの大著『スペイン異端審問史』（一九二二年）では、草創期の宗教裁判所の活動例

のひとつとして、数字をあげてこの村の判決結果を列挙している。また、スペイン・ユダヤ人史としては古典的な名著であるイツァーク・バエールの『キリスト教スペインにおけるユダヤ人の歴史』（一九六一年）においては、やはりこの時代の記述のなかに簡潔に登場し、驚くべきことにそこにはマリ・サンチェスらしい人物も出てくる。ただしトルヒーリョのユダヤ人と親交が深く、「自分の娘に不利な証言をされ」た女性のことを、バエールは「あるコンベルソの女性」として実名を伏せている。その一方で、宗教裁判所とともに同時代のスペイン社会を支配した文化コードとなる「血の純潔」法[5]をナチスによるユダヤ人迫害の先駆と定義し、最近では最も議論の的となったネタンヤフの大著『異端審問の起源　十五世紀スペインにおいて』（一九九五年）でも、グワダルーペは触れられている。反セム主義的な人種差別糾弾の構造をもつ本書では、具体的な歴史記述というよりもコンベルソ迫害を引き起こした権力分析がその中心にはある。

こうした歴史研究でグワダルーペのもつ意味は、それがスペイン異端審問の歴史の最初期に設置されただけではなく、ほぼ一年間で終了する短い期間に比較的孤立した土地で実施されたという、事例の特異さにもあるだろう。しかし、この村で実施された宗教裁判の本質は、より錯綜した歴史社会的な背景から生じている。すでに前節でのべたように、グワダルーペはその名のしめす通り聖母の出現によって生れた村であり、キリスト教圏へ回帰してまもない地域へ、その宗教的アイコンともいうべき存在が出現した事実によってはかりしれない影響力をもつことになった。

カスティーリャの王権はグワダルーペの聖母、そしてその聖地を、スペイン南西部に位置する辺境エストレマドゥーラ地方の要衝と位置づけ、それによって王国の南及び西へ政治的かつ経済的に拡張しようと企てる国王の野心にとって、この村はその進出の霊的な基盤とみなされる。それが具体的な権威として体制化されるのは、聖ヒエロニムス修道会が村へ到着する一三八九年のことであった。

聖地としてのグワダルーペはその初期には、トレド大司教の権限のもとで、世俗の修道士が管理、運営する任を負っていた。しかし巡礼者が増加し、聖地としての重要性が高まるにしたがって、組織として貧弱な能力しかもたないこの体制では実態に対応できない状況が明らかになってくる。そこでグワダルーペを管理する組織として指名されたのが、わずか十六年前に教皇から承認を得たばかりの聖ヒエロニムス修道会であった。同会は当時、五つの小さい修道院をもつだけの新興組織ではあったが、創立者のなかにイベリア半島、特にカスティーリャ宮廷につらなる高貴な出身者がふくまれ、そこから聖地グワダルーペとこの修道会との宗教的アイデンティティが生成され、やがて聖母への寄付という方式で、貴族による多大な財政的支援が制度化されるにいたる。こうして同会は、聖母の聖性、巡礼者が聖母へ近づくルートの重要性、グワダルーペの生活における聖母そして修道士の中心性を強化する仕方で、村を慎重に再構築してゆく。村の最も高い位置に立つ教会がグワダルーペの物理的環境を統轄することによって、同会はこの地域の地理的、経済的、政治的な権力構造を確立することに成功したのであり、また巧妙に村の自治権を奪われた住民たちにとって、それは同会の修道院長を最高の霊的権威、そして村の領主として認知することでもあった。

しかし、聖ヒエロニムス修道会が到着したほぼ同時代の一三九一年、半島全域でユダヤ人にたいするポグロムが続発し、多数の強制的改宗がもたらされた。こうして生れたのがコンベルソ、または新キリスト教徒と呼ばれる多数の集団である。かれらは迫害や追及の激しい都市部を逃れて、グワダルーペのような地方の村落へ移住する傾向があったため、異端審問期のこの村のコンベルソ人口は一〇%近くにのぼったと推定されている。改宗を選択しないユダヤ人はカスティーリャ王国領土からの離散を強制する、いわゆる「ユダヤ人追放令」が発布される一四九二年以降、このカテゴリーの人口はスペイン全体では約五十万人に達したといわれる。しかし少なくとも十五世紀の前半において、新キリスト教徒は旧キリスト教徒から孤立して生活したわけではなく、多くのコンベルソが敬虔なキリスト者として同化し、なかには宮廷や貴族社会、あるいは行政や金融の要職にある者もいたのは今日では通説になっている。そして逆にまさしくここから、フレドリクソンによれば、ユダヤ教徒（及びイスラム教徒）が当時のスペイン人一般に与えた問題とは、「かれらの改宗が（とりわけ強制されたのであれば、通常はそうであるが）、必ずしもそのエスニックなアイデンティティや出自へのプライドを犠牲にさせなかった」という矛盾に根ざしていた。そして「隠れユダヤ教」が宗教裁判所の標的として焦点化されることにより、「ユダヤ系という出自それ自体が「隠れユダヤ教」の疑惑を正当化する」構造が発生することになる。(6)

とはいえ、グワダルーペの聖ヒエロニムス修道会はコンベルソにたいして寛容な態度をとった。修道院長がその方針を定めたのはいうまでもないが、修道会のなかにコンベルソが少なからずふくまれていた事実も明らかになっている。この背景には村の産業をになう職人、教会事務職員、さらには村の最富裕層である布商人たちにコンベルソが多く、かれらとの協力関係が村の管理におおきな意味をもったという現実的な利害もある。特に布商人たちは、コンベルソに寛容な修道士たちと商売上の親密な関係を築いていたうえ、十五世紀後半に起きた国内の政治的動乱期には出征する修道士たちへ経済的支援も提供するなど、同会へ強い影響力をもっていた。村を支配、監督する領主のように君臨し、なおかつ恣意的で退廃した統治能力しかもたない指導層を抱える修道会と、かれらと深く結託して繁栄する新キリスト教徒との関係が、両者にたいする旧キリスト教徒の反感と憎悪を生み出すのはごく当然である。すでに十五世紀半ばには旧キリスト教徒による反コンベルソ暴動が起きたとの推測もあるが(公式の記録はない)、教会内部での確執を証拠づける教会異端審問をあいだにはさんで、この対立が頂点に達するのは八三年、すなわち宗教裁判所設置の二年前に実施される新修道院長選挙のことであった。富裕層を中心とするコンベルソたちは修道士たちへの工作を通じて、親コンベルソ派の候補を擁立するが、新院長にはむしろグワダルーペで進行する危機を収拾する人物が選出された。そしてこの院長は、村へ立ち寄った国王フェルナンドと協議した結果、宗教裁判所をグワダルーペに設置するよう要請し、こうして会談の一年あまりのち、異端審問は辺境の聖地にその新たな拠点を築いたのである。

イネスの証言は、母親にたいする無情な告発として、単純には理解するべきではない。証言の冒頭で、母マリの悔悛の情を装われたものではないとし、娘の証言がもつ重さを意識したともとれる自制的な陳述をしているのは、審問官へよい心証を与えたともいえるし、同時にその証言が家族間の問題を動機とするとの疑惑を回避する意図もふくまれているだろう。しかし、イネスは身内でなければ知り得ない情報も与えた。弟の受洗後に頭から聖油を洗い落したこと、トルヒーリョのシナゴーグへ油を送りとどけたことに加えて、十五年前に自宅で起きた出来事を彼女は語っている。父親が紙片にキリストの磔刑が描かれた絵を持ち帰ったとき、母親はそれをいまいましそうに便所に捨てたとする発言の重大さは容易に想像できる。そしてそのように証言するイネスには、明らかに敬虔なキリスト者としてのコンベルソである自己の地位を保障する信仰上の願望があり、それによって「隠れユダヤ教」を実践する家族から自己を区別する意識もふくまれていたのにちがいない。母へ下される処罰へのためらい、一方では母のキリスト者としての罪の告白への切望に苛まれるイネスの心理は、獄中での母と子の面会を伝える次の記録になまなまし

く感じられる、

そしてそのとき、マリの弁護人であるドクトル・デ・ビリャエスクサがイネスの母親のもとへ来て、彼女に不利な陳述をした証人たちを教えた、マリはその後、油について及び聖油については真実を自白した、しかしキリスト磔刑図についてはしなかった。それからマリは、とても青白く生気のない顔つきをしたこの証人〔イネス〕のいる部屋へ入り、この証人に言った、「わたしは自分が告白したことがもとで死ぬだろう」、すると前述のイネスが言った、「キリスト磔刑図のことは話したの？」、母親はこたえ、「知っているのはおまえしかいない、だから教えておくれ、話したのかい、おまえ」と言って、そうでなければそのことは自白しないことを悟らせた、するとこの母親はこの証人がその話をしたことを知ったため、獄吏及び愛人アルボルノスに相談し、この件を告白することをもとめた。

九月中に、マリはキリスト教教義からはさらに重大に逸脱する実践を次々と自白することになる。十月七日、弁護人テヘーダによる最終弁論がおこなわれる。テヘーダは弁論において、マリは検察側証人がのべた内容はすべて真実であることを認め、追加尋問に回答して、ユダヤ教の実践を共有したコンベルソたち、さらには自宅で食事を共にしたユダヤ人たちの名前を自白したとのべる。そしてイネスの証言も細部にわたるまで正しく、ただ自分は裁判所の指定する期限までにそれを自白しなかった罪をも認めた。テヘーダにはすでに被告を救済する可能性がほぼ断たれており、あとは審問官の寛容に訴え、マリ自身の悔悛の深さを強調するよりなかった。これにたいし、検事フェルナンデスはテヘーダの主張に反駁を加えたうえ、検察側証人による陳述が出るまで被告がすべてを告白していなかった事実を根拠として、マリの悔悛の誠実さへの疑問を強調し、公開判決(auto de fe)における処刑を求刑する。

宗教裁判所の追及の仕方は、被疑者または被告による一貫して〝自主的な〟告白に基づいていることがこの過程からもよく分かる。裁判の前段階である「和解」の告白に始まり、裁判所はいかなる明示的な強制や圧力を課すこともなく、しかし被告自身の疑惑や恐怖を強力に動機づけ、そこから告白や証言をひき出すという方法である。求刑後には、マリは検察側から知人の女性たちへ不利な証言をするようにもとめられ、囚人として獄中にあるマリはこれに応じて、十月中に少なくとも七名以上の新キリスト教徒の名前を明らかにした。しかしここでも彼女は周到にも、死後に審理されたコンベルソたちの活動を証言しただけで、グワダルーペに生存して「隠れユダヤ教」を実践する者たちについては一切の言及を避けた。マリは無条件の異端審問への協力には抵抗し、仲間のユダヤ人を擁護しつづけたのである。

なかでもカタリーナ・サンチェスの事例はしばしば引用されている。カタリーナはマリの親類ではなかったが、彼女を告発する証言によって獄中での仲間のひとりになっていた。カタリーナへの告発で象徴的なのは、彼女やその家族が末の息子に大きな衣服を着せて、「ヤコブちゃん」と呼んでからかい、遊んでいたという挿話である。この件が審問官の関心をひいたのは、まさしく「ヤコブちゃん」という名前がユダヤ名であるからに他ならないが、これは家庭での戯れすら嫌疑の対象になりうるという、文化、政治、宗教を横断する異端審問の根深い追及の構造をあからさまに示している。しかし、弁護人からこの件を質されて一笑に付したカタリーナは、監房へもどると不安におちいり、経緯をマリに相談した。マリはすべてを告白するように助言し、自身もカタリーナへ不利な証言をする検察側証人のひとりとなる。カタリーナは、結果として、この告白が「誠実」なものと認められ、追放のみで極刑を免れている。

審問官は十月十四日にマリの判決申渡しを執行すると告知したが、期日が過ぎても実施されなかった。十一月初め、マリへの拷問が決定する。前節でものべたように、拷問の行使はスペイン異端審問の際立った悪徳のひとつであるかのように信じられているが、実際にはきわめて規制された手段でしかなく、同時代ヨーロッパの世俗の裁判と比較しても、司法上の拷問については多大な抑制が存在した事実は多くの研究者が指摘している。拷問は被告の懲罰ではなく、その意図や信仰に関する真実を知ることが目的とされ、そのうえ被告に虚偽の告白を強いる可能性すら認識されていた。したがって拷問は様式として、巧妙なメカニズムによって構成されており、マリ・サンチェスもまず最初に、拷問室の入口で知るところすべての自白を説得される。ここでマリが妥協すればこの儀式は終了するが、彼女は拒否したため、室内に連行され、「階段」(escalera)と呼ばれる器具に縛られる。これはからだを逆さにして器具に縛りつけ、口へ水を注ぎこむ仕掛けの、当時グワダルーペで使用された唯一の拷問用装置であった。そして拷問が開始される前にふたたび、自白の説得がおこなわれるが、記録によるとマリは「他にいかなる拷問も何ごとも、またそれによっていかなる危害も受けることなく、話した」と伝えられる。

マリは審問官たちのすべての質問にこたえ、家族や親類、グワダルーペの新キリスト教徒たちのユダヤ教実践について、こと細かな情報も加えて自白した。そのなかには今は亡き夫ディエゴや、さらにはヨーロッパ最古の大学のひとつ、サラマンカ大学で学ぶ十九歳の息子ディエゴも含まれていた。しかしこの段階にあってもなお、マリがコンベルソの同志たちを擁護しようとしたのは、彼女の名指しした者たちがすでに故人か、村外に住んでいるか、そして処罰済みの者かに限定されていた事実からも疑いようがない。しかし、とスター＝ルボーはのべている、この証言にはふたりの人物が欠けていた。すでにすべてを告白してしまい、生存へ一縷の望みを抱いていたマリ自身、そして母に不利な証言をしたその娘、イネスである。

いつマリが宗教裁判所の判決を最初に知ったのか、公式の有罪判決も残されていない以上、明らかではない。十一月二十日、マリは他の囚人たちとともに獄舎から連れ出され、行列して教会前の広場まで歩いてゆく。首席審問官でもある修道院長は修道院入口で広場に集まった群衆を見下ろし、ふれ役が隣接する墓地の最も高い位置から有罪判決を読み上げる。ひとりひとりがそれに応じて群衆の前に出て並び、村の領主でもある修道院長が有罪宣告をおこない、火刑を命じる。マリの処刑に家族が立ち会っていたという記録はないようだ。夫ディエゴ、先に処刑されたオロ・ブラスケスの妻である娘、叔母エルビラはいずれも故人になっていたが、この翌日、遺体が火刑に処されることになる。

グワダルーペの異端審問について、最近の研究で特に強調されているのはジェンダーをめぐる論点である。スター＝ルボーによると、コンベルソのなかでユダヤ教の信仰や実践を維持するうえで、際立った位置を占めていたのは女性であった。村の証言記録で特徴的なのは、男性コンベルソの場合、証人が雇用上の関係から生じる使用人や徒弟ではなく、家族や共同事業者に限定されているのにたいし、女性については社交上の知人や同性の家族が多いという事実である。これは公共圏での活動が多い男性では親密な関係を結ぶ者以外、自己のアイデンティティに関わる言動を忌避していた姿勢の反映であり、一方で公共圏へ参入する機会の乏しかった女性にはそうした警戒心のレベルが低かったことが想定される。それゆえに「隠れユダヤ教」の実践においても、女性コンベルソは家庭や日常の家事に伴う活動のなかで実行したが、男性は職場及びより公的な

場の外でおこなう傾向がみられるという。そして次のようにのべている、

積極的に「隠れユダヤ教」を実践する女性たちが、伝統的料理を保持すること、伝統的な生活習慣、そしてユダヤ教の書物や学習にさえも献身する行為は、どれもグワダルーペにおける「隠れユダヤ教」実践を特徴づけている。女性は家庭を維持し、子どもを育て、そしてまさしくユダヤの律法にしたがって子孫へユダヤ教徒としてのアイデンティティを伝達することにおいて、同化そして家庭外での職業及び生活からなるキリスト教世界のためにユダヤ教から離れた男性パートナーにくらべ、より伝統的とみなされた(7)。

イネスはこうした状況のなかで、どうして裁判では母にとって明らかに致命的となりうる証言をしたのか。ここで「世代」という視角を入れてみると、マリの母や祖母の時代にはコンベルソが位置する社会環境が相対的に寛容であり、ユダヤ教の実践や継承についても抵抗が少なかったとの前提はあるだろう。だがイネスの生れる時代になるとこの状況は崩壊へ向かい始め、前述のようにコンベルソのなかでもキリスト教の受容及びその同化が一般化し、「隠れユダヤ教」がかれら自身の「異文化」として認識される事態が進行したのかもしれない。旧キリスト教徒が大半を占める村で自分の家庭をもっていたイネスにとって、「ユダヤ人」というアイデンティティは

もはや障害であり、新キリスト教徒として暮す自己の生存を選択したとの動機は充分に考えられる。結果として彼女はいかなる告発も免れ、審理の終了後には自宅のある村へ帰ることができたのは、新キリスト教徒としての裁判への協力にたいする評価の証明になるだろう。その一方でおなじコンベルソであり（ただし確証はない）、死後審理によって処刑宣告を受ける父親は擁護しながら、母親には冷酷とも映る発言を避けなかった背景には、やはり家族内部での何らかの葛藤が存在したようにも推測させる。父親についてはイネスとは矛盾する複数の証言も確認されており、母親への不利な証言がその判決に決定的な役割をになったのかには疑問も残る。何よりも異端審問において、家族、親族間で告発が起きるのはまれではなかったのである。イネスの言動には異端審問の時代を生きる者たちにとって、血縁や地縁といった社会的関係の境界がいかに低く設定されていたかを説明してあまりある。

いずれにしても、ドライヤーの映画で描かれるジャンヌのように、母親が他のコンベルソたちとともに村の教会前の広場で、黒い炭と化して焼かれてゆく姿をイネスが目撃していたのかは不明である。

（1）『ルイス・ブニュエル著作集成』（拙訳、思潮社、二〇〇六年）所収。

（2）拙稿が多くを負っている最新の概説書は下記の通りで、今後この分野のスタンダードになると思われる。Helen Rawlings. *The Spanish Inquisition.* Blackwell, 2005.

（3）Felipe Fernández-Armesto. "The Improbable Empire". Raymond Carr (ed.). *Spain. A History.* Oxford University Press, 2000.

（4）Gretchen D. Starr-LeBeau. *In the Shadow of the Virgin. Inquisitors, Friars, and Conversos in Guadalupe, Spain.* Princeton University Press, 2003. マリ親子に関する内容はおなじ著者による以下の論考に詳しい。"Mari Sánchez and Inés González. Conflict and Cooperation among Crypto-Jews." Mary E. Giles (ed.). *Women in the Inquisition.* The Johns Hopkins University Press, 1999.

（5）一四四九年のトレドで勃発した反コンベルソ暴動を動機として、世俗の公職に就くには四世代にわたるキリスト教徒の出自を前提条件とする法令が一時的に公布された。これ以降、同法は内容を変化させつつも存続し、ユダヤ人排斥の手段として機能してゆく。

（6）George M. Fredrickson. *Racism. A Short History.* Princeton University Press, 2003.

（7）Gretchen D. Starr-LeBeau. *In the Shadow of the Virgin.*

4　テレサ、世界の霊性

1

トリニダード出身の女性／ジェンダー研究者であるM・ジャキ・アレキサンダーは、近著『横断の教育』において、「聖なるもの」(the Sacred) という概念を主題のひとつとして提出している[1]。このタイトルがブラジルの思想家、パウロ・フレイレの名著『被抑圧者の教育』にならっているのは説明するまでもないが、ここで「教育」とは、「相互依存の形而上学へ渡ってゆくためにわたしたちがしなくてはならない相互賦与」であると彼女はのべている。フレイレの文脈にしたがっていうならば、それは「学ぶこと、教えることに関わる存在論的義務を集合すること」であり、これこそが「世界を理解可能なものにしうる」のである。すなわち横断から発生する教育は、モダニティの世俗化されたエピステーメーの内部に構築された領域には容易に、そして整序されて収まることはない。しかし、まさにだからこそ、〈聖〉と俗、身体化されるものと非身体化されるものとの間に受け継がれてきた分断線を攪乱し、再集合させ、そうして聖なるもの、非身体化されるものを明白に触知可能なものとする「霊的な仕事」を、わたしたちにシリアスに受けとめさせるのだとアレキサンダーは要約する。

この書物には、ほぼ二年前に急逝したグロリア・アンサルドゥーアが盟友チェリーエ・モラーガと共同で編集したアンソロジー、『わたしの背中という名のこの橋』（一九八一年）へのオマージュともいうべき一章が収録されている（「『わたしの背中という名のこの橋』を回想する、わたしたち自身を回想する」）。アンサルドゥーアについてはここでは詳しくのべないが[2]、在野の思想家であり、チカーナ・フェミニストとしてラティーナ（広義でラテンアメリカの出身及びその祖先をもつ女性）のみならず、経済発展論的分類とは異なる「第三世界」女性の提携と変革を志向した彼女らの企ては、明らかにアレキサンダーの文化言説と共有されるものが少なくない。しかし、『この橋』で米国在住の民族的マイノリティの女性たちによって語られる植民地化の過程は、自分が経験してきたものとは異なる相貌をしているとアレキサンダーはいう。それはあの書物の作者のひとりが語る、「〔わたしの〕関節に閉じこめられた女たち」という表現を媒介として、自分の「ピープル」の歴史のなかで歩むことを学んだという証言にうながされて生じる問題である。インド系トリニダード人であるアレキサンダーにとって、自分の「ピープル」とは中国人であり、黒人であり、彼女たちは「密輸され／連れて来られ」、「捕えられ／売られ」て来た女性たちである。彼女たちの歴史の細部は記憶を威圧するほどに深くしみこんだ忘却を作り出す。「わたしたちは忘れてしまったことを忘れてしまった」。そして問う、「消えてゆく記憶。わたしのピープルとはだれ？　わたしのピープルの歴史や物語をどうやって知ればよいの？　チカーナやプエルトリコ人女性とともに、わたしは米国への非帰属を共有した」。したがって脱植民地化の作業とは全一性への心からの切望であり、それは帰属する切望、物質的かつ実存的であり、心的かつ物理的でもある、そしてそれが満たされたとき、断片化／解体の苦痛を転覆し、最終的には代替できる切望として表出されるだろう。

アレキサンダーがアンサルドゥーアらのプロジェクトから学んだ最も豊かな主題は、霊性、あるいはスピリチュアルなものへの志向である。たとえばアンサルドゥーアをはじめとする多くの作家たちがスピリチュアルな作品を書いてきたにもかかわらず、霊性＝スピリチュアリティという思考は公共的な場面で議論されることのない分野でありつづけてきた。フェミニズムが関心を抱いてきたすべての要素――トランスナショナリズム、ジェンダー／セクシュアリティ、経験、歴史、記憶、主体性、正義などなど――は「相互依存の形而上学」の内部に包含され、そこでは世界を理解可能なものにしうる装置として、〈霊〉の知が用いられる。けれどそれに相反するように、「きわめて不動であり、きわめて変化せず、きわめて伝統の匂いのする霊的なものといったカテゴリーへ、自身を（少なくとも公的に）結びつけようとはしないという暗黙の了解」が、現実には支配的に共有されているかのようだ。それは多数の者たちに強いられた「霊のクローゼット化」である。これにたいしてアレキサンダーはのべている、宗教的原理主義が危険な帰結とともに一般化し、一方では政治経済の構造変容が宗教を主要な闘争の場として転覆した現在であるからこそ、「聖なるものの教育」が要請され、さらに重要な条件として、「世界のマジョリティの人びと――すなわち世界のマジョリティの女性たち――はそれがなくては自身を理解することが不可能だ」という事実がゆるぎなく存在する。〈霊〉を通じて自己を知るという考え方は、歴史の運動と格闘するために〈霊〉の運動に開かれたものとしてあるため、自己を〈霊〉の領域に奥深く接近させる行為の諸審級である。それによって世界の理解可能性という過程を霊的な企てに変容させるのでもある。

アレキサンダーの霊性論が、しかし人類学的な参与観察の方法によってのみ構成されているわけではない事実は、ここで強調する必要があるだろう。ヴォドゥー（またはヴードゥー）及びルクミ（またはサンテリーア）[3]の祭司として、アフリカ系をベースとしたコミュニティでの経験から、霊的なものが具体的に機能する様式を彼女は詳細に語っている。ふたつの信仰実践は何よりも米国においては宗教として認識されてはおらず、両者が文法的または言語的というよりもむしろ大衆に根ざした文化的感情の落差から、同一の文脈で論じられることもない。一方ではカトリック教が自分たちの信仰を廃絶しようとする植民地的意図から守るため、逆にそれを表層的に利用してきたとの過去を共有している。だがそれ以上に、これらの信仰が基づいている基本的な形而上的原理は、両者の間に作られた分断を無効にするほどに共同的であると彼女はいう。そこで重要であるのは両者の比較や相似性などではなく、〈霊〉の知／知る行為を、それを通じて世界の大多数の女性たちが自分たちの生を理解可能なものにする媒介として用いる、ひとつの世界の宇宙論的な数々の基盤を照らし出すことである。なぜならわたしたちが主体性と集合性、〈聖〉なる知と力、そして身体の教育的な内容を検証するのは、まさしくそれらが交差するこうした地点においてであるからだ。

ヴォドゥー及びルクミのコミュニティにおいて、霊的実践者たちが、かれらの自己の意味そして理解のための拠点を提供するために形而上的なシステムを使用する仕方、いいかえるとかれらが経験を「聖なるもの」として構成、記憶する仕方、さらにその経験がかれらの主体性を形づくる仕方を学習しなくてはならない。経験はフェミニズムにとってきわめて重要な認識上の問題を提起するが、ここでは世俗化された経験ではなく、その根拠を世俗のものから〈聖なるもの〉へ移動することによって、これもフェミニズムが提起した最大のレッスンのひとつである「個人的なものは政治的である」との理念を変容させ、「個人的なものを霊的なものとして」さらによく位置づけることができる。実際、霊的なものとは政治的なものと変わらぬほどに社会的なのであり、それを個人的なものと政治的なものとを媒介するものとして、これ以上審問に付すことはない。ここから、もうひとつの具体的な、そしてきわめて重要な役割をになうものとして、身体が召喚される。それは身体実践としての「霊的労働」という概念である。

根本的に超越というものがありえないとするなら、「物質的なもの、日常的なもの、そしてそれを通じて神聖性が生命を呼吸する身体そのものへの介入、そしてそれらとの関係性」も生まれないだろう。歴史的文脈からいえば、身体はヨーロッパとアフリカのシステムの間での闘争の中心となってきた。それは動産――チャトル（chattel）――として、罪の貯蔵所として位置づけられ、あるいは神聖さの直接の道具、生ける者の世界と死者の世界との仲介者として理解されてきたのである。アレキサンダーは身体という媒介による実践をこのように検証する意図について、文化の保持及び生存としてのアフリカの霊的実践をめぐって存在するより支配的な理解を越えて、「認識論的なものとしての霊的なもの」の意味の内部に入りこむためであるとしている。彼女のこの企ては、ミシェル・フーコーが論じている「霊的な知」と「認識的な知」との関係、近代初期にいたって前者は後者によって消去させられるとの議論の歴史的構造を想起させずにはいない（本稿第1章を参照）。もしもフーコーのいうように、「霊的な知」が「十六、十七世紀には」消滅してしまったのだとするなら、ヴォドゥーやルクミで生産されている「霊的なもの」とは、ただたんに近代の歴史から取り残された主体が実践する限定された知の様式でしかないだろう。それはまさしくアレキサンダーが「霊のクローゼット化」として批判する、「霊的なもの」について共有される支配的な排除、不可視化と変わるところはない。未完に終わったフーコーの霊性論にはより深い射程がはらまれていたにちがいないが、トランスナショナル・フェミニズムの旗手の現在の思考に、「主体性の歴史」の思想家の議論が重ね書きされてある事実は記憶しておいてよいはずだ。

アレキサンダーは『横断の教育』のなかで、キツィンバ（Kitsimba）という名の、一七八〇年ごろに旧コンゴ王国からカリブ海へ送られ、「中間航路」を渡ってきた女性に中心的な役割を与えている。「実際、彼女の出現はそれ独自の権利で教育である」、なぜなら「個人的なものは政治的なだけではなく、霊的でもある」ことを説明するため、彼女はフェミニズムのさまざまな正統性の核心に旅してきたからだとアレキサンダーはいう。キツィンバが提起した命題のひとつは、「癒しの労働は抑圧への解毒剤である」。そしてそれが機能するため、「癒しの労働」としての「霊的な仕事」はさまざまな形式をとりつつ、外的でも内的でもある領域を再構築する行為につながれている。こうしてさまざまな文化にある霊のカテゴリーの内部で旅をし、それらの内側へ到達するために検討すべき領域のひとつとしてアレキサンダーが指摘しているのは、世俗のフェミニズムはおそらく、無意識に、霊的なものの私有化に、すなわちフェミニズムと呼ばれる労働のコーパスから、そして組織化された政治動員から、「私の」霊的な自己の二分化に関与したということである。霊的なものを政治的なものから削除するのは、自己からの、したがって相互の、二種類の疎外の交点に基盤を構築することになってしまう。そこで〈霊〉をシリアスに考えることは、（女性やマイノリティの）周縁化という制度化された使用価値を越えて、どのような意味を持ちうるのだろうか。それはまず第一に労働者階級の男性女性の生活をシリアスに考えるようにうながし、まず第一に周縁化の地点にたって理論を作る行為から移動させてくれることだろう。

自己、そして世界を理解可能なものとするのに用いられる〈霊〉の知とは、いうまでもなくジョルジュ・バタイユにおいては、「内的体験」と名指されたある状態と深く連関している。[4]「信仰告白」として括られる神秘体験のすべてを忌避するバタイユには、アレキサンダーの展開するような〈霊〉や霊性に関する思考はない。しかし、そこから少なくともいかなる宗教的隠喩も剝ぎとりつつも、かれはその体験を「陶酔的失神」、「恍惚」、「法悦」と呼び、霊的実践の神秘をしつように語っている。バタイユにとって、「自己自身」とは、「世界から隔離される主体などではない」。むしろそれは交流という意味でもある、「主体と客体との融合の場」である。バタイユ神秘主義の言表としての「内的体験」は、このふたつの「融合」をめぐって、この体験の「帰結」を構成する「刑苦」と題された部分のなかで、何よりも直截に語られているだろう、

しかし恍惚においては、もはや主体＝客体の関係はなくなり、この双方のあいだに「大きく

口を開けた裂け目」が存在する。そしてこの裂け目のなかで、主体と客体は溶け去り、そこに移行が、伝達が出現するが、ただし一方から他方への移行、伝達ではない。一方も他方も明瞭な現存在を失うのである。

この体験はただちに神秘の合一を喚起させるが、つづけてバタイユは、主体は「知識への意志」も廃棄するとのべている。これが恍惚にとっての「非‐知」という有名な概念であり、それによってふたつの存在の交流を可能にするのである。

バタイユの「内的体験」がどれほど霊的な知から離れているようには見えても、このテキストが宗教者や聖人と呼ばれる者たちの幻視や神秘体験の隣にあるのはすぐに理解できる。この書物のなかで、かれはロヨラ、サン・フワン・デ・ラ・クルス、サンタ・テレサ・デ・ヘスースら、スペイン神秘主義の実践者たちに何度も言及しているというだけではなく、バタイユの体験は「信仰告白」を目的とするかれらのテキストに、すべてではなくとも、重要な部分を負っていると考えられるからだ。たとえば恍惚における幻視について、あるいは「言葉」について、サン・フワンの例を引きながら、同時にバタイユはサンタ・テレサについても「最終的には、〈知の幻視〉にしか価値を置いていない」と明確に断定している。ここで言及されているのは、テレサが「神秘の幻視」について厳密に区別した三種類の幻視のひとつである。「魂の眼」で、または空想によって知覚される〈想像の幻視〉、テレサ自身は体験したことはないが、眼で見る〈肉体の幻視〉とともに、〈知の幻視〉とは「太陽よりも明瞭な魂への伝達によって表わされる（…）それはかくも大きな善を受けられるように、光は見えずに霊力を照らす」とされている（『人生の書』[5]）。そしてバタイユは、自分自身もまた神の把握について、「私たちを未知のもののほうへ、いかなる点でももはや非在と識別できない現存のほうへ導いてゆく運動のなかでの、ひとつの休止」と考えるだけだ。

さきに触れた恍惚における「言葉」についても、バタイユの関心を裏書きするように、テレサは特徴的ではあるけれどもきわめて繊細な識別を提出している。[6] すなわち調音されて知覚可能なもの、想像上ではなく調音されたもの（したがって「聞こえないが（…）理解はできる」）、ことばを持たず調音されていないもの、という三種類である。テレサのいう「言葉」とは、ロヨラがその日記のなかでのべているラテン語の「ロクエラ」（loquela）に呼応する現象でもある。ルイ・コニェによると、テレサの「言葉」はロヨラよりもはるかに頻繁に発生しており、「ロクエラ」には内的、外的の区別があるが、「言葉」における特徴は外的な、またはごく聴覚的な「ロクエラ」に近似するという。テレサはそれを次のようにのべている（『内面の城の棲家』）、

それらは魂とかわす、たくさんの仕方があるいくつかの言葉である、あるものは外から来るようであり、別のものは魂のずっと奥から来るようであり、魂の高いところから来るようで

もあれば、あまりに遠くからであるので、耳で聞こえるものもあった、調音された声のようだったからである。(7)

もうひとつこの文脈でバタイユが論点として指摘している「沈黙」について、かれは「言葉という音響の廃絶」という重要な示唆をのべている。上にあげた「言葉」をめぐるテレサの識別によるならば、「沈黙」もそのなかに含まれる可能性はあるだろう。しかしこの知見がテレサの神秘体験との関係においてことのほか重要であるように思われるのは、こころの祈り(oración mental)と声で発する祈り(oración vocal)との差異が、テレサの時代の女性の霊的経験において、というよりもむしろ彼女のテキスト戦略がもつ力学のなかで、決定的な意味を持っていたからである。「こころの祈り」が皮相で危険なものとみなされていた時代において、信仰の観想的実践を説くテレサが神秘体験のもたらす内面における霊的発展を提唱し、この祈りの価値と役割を特に女性たちに奨励した事実は、男性聖職者からの強い抵抗を招いたのは必然であるかもしれない。しかしテレサにとって、女性たちの「こころの祈りと幻視の経験は、教会における女性の権威の根源であり、両者は全体として、かつ女性の霊的形成の不可欠の部分として、擁護されねばならなかった」のである(アールグレン)。そしてここに、新しい自己とやがて修道会改革へと向かう修道女としての資質の理解、こころの祈りによる深い経験、神の啓示の道具として生きる自己の神秘主義的作品群に表出される記述能力とを神から授けられた、宗教家そして作家としてのテレサの使命を見ることができるだろう。

きわめて残念であり、戸惑うことでもあるのは、わたしたち自身のせいで、わたしたちは自分たち自身を理解することもできなければ、自分が何者かも分からないということである。

（『内面の城の棲家』）

テレサは、神秘の合一へといたる旅で体験する啓示は、神との関係において自分たち自身を理解することから始まると考えていた。啓示はあらゆるキリスト者に開かれているにもかかわらず、彼女が提唱する観想的な方法によってそれを受ける者は実際にはごく限られていた事実が、この記述には率直に表われている。しかし、ここでテレサが「自分たち自身を理解する」というとき、その可能性ははるか遠く、時間も空間も隔てたジャキ・アレキサンダーによって、「聖なるものの教育」がなくては「自分を理解することは不可能だ」とする言説と、正確に響き合ってはいないだろうか。現在の思考に〈霊〉やスピリチュアルなものを復権させようとするアレキサンダーやアンサルドゥーアらの企ては、自己や世界の理解可能性という主題をめぐって、あるいはそれらではたらくジェンダーやセクシュアリティの役割と力について、近代の入口にあって〈霊〉とともに生きた女性たちと深くつながれている。テレサの神秘はまさにここで、世界の霊性として再臨するだろう。

2

霊的信仰の過程で発生する幻視体験について、テレサが最初にテキストの形で著したのは、やはり彼女にとって最初の著作となる『人生の書』においてであった。ただし、テレサは修道女としての信仰生活の間に厖大な量にのぼるテキストを書いているが、それらは生前、何ひとつ公刊されたわけではなく、手稿自体も主要なテキストは宗教裁判所の管理下にあった。したがってこの原稿も、実質的にはごく限られた、彼女の上司にあたる者たちのなかで存在した「書物」にすぎない[8]。さらにこのテキストを執筆するうえで重要な動機となった事件として、バルデス目録の公布を指摘しなければならない。宗教裁判所総長であったバルデスは、ルーヴァン大学が実施した先例にならって、一五五九年八月、最初の包括的なスペイン禁書目録を公表した（禁書制度自体は五一年に発布）。このリストにプロテスタントの改革者や異端審問で処刑された者の著作が含まれていたのは当然だが、そこで特に標的とされたのは、反宗教改革下のスペイン国家体制で脅威となっていた霊的信仰の基盤となる文献でもあった。それは照明派（alumbrados）と呼ばれる、十五世紀末から隆盛した神秘主義者の集団であり、教会や教義によらず、「内なる教師」の導きにしたがって「神の本質の純粋さと統一性に到達すること」を希求し、そして実践したため、危険な異端者として、宗教裁判所から多くの迫害を受けていた。その一方で照明派とは直接の関係をもたなかったが、当時の霊的信仰の発展に大きな影響を与えた神秘主義者たちのなかで、テレサの霊性上の指導者を務めたフワン・デ・アビラ、あるいはイグナチオ・デ・ロヨラの名前が禁書とされた書物の作者として載っているのは、宗教裁判所が関心をもっていた対象の特定性を露呈しているだろう。

そして同じ時期にこのテキストの萌芽となる文章を書き進めていたテレサにとって、バルデス目録の出現は異なる意味をもっていた。この目録はスペイン語やラテン語で書かれた書物を対象としているが、ラテン語がもっていた教養語としての地位ゆえに、検閲官たちがラテン語の書物については比較的寛容な態度をとったのはよく知られている。しかし正規の神学教育を受けたわけでもなく、ラテン語にはほとんど無知だったテレサには、この検閲制度は、自分の理解できる言語によってそれらの著作を読む機会を奪われたのに等しい。テレサは目録公布の時点ではすでに四十五歳を越え、文学的そして霊的な形成をほぼ完了していたと考えられるので、この事件によって彼女自身の霊的生活に深刻な影響が起こったわけではないだろう。しかし、「こころの祈り」の技法における霊的な形成の基盤として、テレサは宗教的コミュニティ内での個人的な神秘体験とともに、それらの霊的な書物の読解を位置づけていた。テレサ自身がその体験を解釈するときに参照した文献が、彼女の同時代者へは拒絶されたことの衝撃を、みずから次のようにのべている、

スペイン語で書かれた多数の書物が除かれ、読めなくなったとき、わたしはひどく落胆した、それらには読むと喜びを与えてくれる書物があるけれど、もはや読むことができなくなったからであり、ラテン語の書物は理解できないからである、そのとき〈主〉がお話しくださったのである、「気に病むことはない、おまえには生ける書物を与えよう」。(『人生の書』)

まずここで「スペイン語」(romance)とされている語は、英訳ではラテン語から識別するように、しばしば「その土地の言語」(the vernacular)という表現が与えられている。そしてこれは女性作家の書く行為において言語が果す役割を考えるうえで、非常に示唆的な解釈である。女性の言語表現がまずその主題や内容というよりも、彼女たちの身体を交錯する複数の言語自身との葛藤であった歴史は、とりわけ「ポストコロニアル」としてくくられる女性作家たちのテキストを思い起こせばよいだろう。コンデやキンケイドの作品が語るもの、それは、「フランス語」や「英

語」で書かれた物語というよりもむしろ、それらが「ヴァナキュラー」な言語または文化ととりうる関係、構造、力学として、何よりも理解されるはずだ。なぜなら、「あらゆる文化は、言語に関する何らかの「政治」の一方的な強制によって確立される」(デリダ)からである。たしかに教会ヒエラルキーの内部に保護されていたテレサに、旧植民地出身の女性たちが抱えていた問題の本質を投影するのは不合理かもしれないが、バルデス目録がテレサに及ぼした外的および内的な影響から考えるかぎり、だからこそそこに深い相関性が根ざしている。テレサはこの「政治」を契機として、霊的な文献という外部の権威に依存することを放棄し、そしてみずからがそれらを書く行為を通じて、自身の霊的かつ文学的な権威を構築する行動に踏み出してゆくのである。

次にテレサの霊的実践をめぐる解釈戦略の転換は、引用のなかに登場する「生ける書物」(libro vivo)という隠喩にも巧妙に内包されている。テレサはこの記述の後、まだ幻視体験がないためにその意味が理解できなかったが、それを体験して〈主〉が「かくもおおきな愛」をそそいでくれたので、もはや書物など必要としなくなった、そしていう、「〈キリスト〉こそはほんとうの書物であった、わたしはそこへ数々の真理を見たのである」。アールグレンはこの隠喩について、テレサのだけではなく、霊的体験一般における「神秘の教義」であると示唆している。(9) しかし禁書とされた霊的な文献の代補として、〈主〉を位置づけることは、すなわち教会の権威にも侵犯できない圏域をみずからの神秘体験に画定することでもある。テレサの伝統的な解釈者たちは、そのテキストを修道女としての「謙譲と従順」に貫かれた、額面通りの透明性を称揚することによって、彼女の文学的かつ霊的な世界を理解してきた。それらでくどいほどに反復される「わたしの考えでは」、「とわたしは思う」といった自己留保を表わす語句の頻度は、こうした理解に必須の根拠として貢献したにちがいない。まさしく禁書制度そのものに対抗するように「生ける書物」としてのキリストを提示し、神秘体験への女性の参入を正統化しようとするテレサの企ては、しかしながら明らかに、テキストの表層にまとわれた「透明性」からは逸脱するように言語化されている。すなわちそのテキスト戦略はたんに大胆にして周到というだけではなく、つねに自身の動機や置かれた状況を省察、分析し、危険や正当性を担保した帰結というべきなのである。

このことは「植民者の言語」である「ラテン語」からも隔てられ、「ヴァナキュラー」である言語による信仰体験の検証からも疎外されてしまう時点で起こした「転換」において、さらには教会権力との交渉を通じて、のちに遂行されるカルメル修道会改革という巨大な事業を達成しようとする企てのなかで、端的に証明されることになる。テレサの行動には当時すでに多くの批判が集中していたと伝えられるが、「こころの祈り」に基づく「観想的生活」を説いた修道女として、とりわけ隠遁を棄てて外部での活発な活動を選択したともとれる状況は、たしかに「異端」の疑いを招きうるのかもしれない。しかしまた、目録公表時に書いた手稿のなかで、「しっかりしなさい、シスターたち、主の祈りとアベマリアを除いてはなりませんから」としるし、檄をとばす行為にもテレサの戦略はうかがえる。それによって指導者から文言の修正を受けてもいるが、「ヴァナキュラー」による宗教書の追放にたいして、皮肉をこめて同志たちへ呼びかける転覆的なレトリックには、のちのブラック・フェミニズムにも通ずるような「シスターフッド」が脈打ってはいないだろうか。

ここから、テレサの神秘体験そのものをめぐって考えたい。

テレサの幻視体験は神秘の合一にいたる過程に関する記述として、さまざまなテキストで語られている。生前も、そして没後も、男性聖職者からの多くの批判に晒されてきたのは、それらの記述から非正統的な文脈で読みとられていた「新しさ」が、逆に正統的なキリスト教神秘主義の伝統にとっては容認しがたい「異端」と解釈されたからである。この背景には、コンベルソの出身という彼女の人種上の条件があり、そこからつねに指摘されもすることだが、教会内部、さらには宗教裁判所の恒常的な疑惑の対象でありつづけた事実も生じている。しかし、テレサ自身はそうした一連の批判や疑惑を見透かすかのように、それらの記述をアウグスティヌス神学の枠組のなかに慎重に位置づけようとしていた。何よりも『人生の書』が自叙伝という形式にしたがって作成された事実がしめすように、幼少時の体験から説き起こす全体の構成から、聖書解釈学に基づくさまざまな挿話の細部にいたるまで、それは『告解録』に神学的にも修辞的にも依存したテキストである。あるいは前節で触れている、そしてバタイユがそっけなく処理した「神秘の幻視」をめぐる三種の分類を指摘することもできるだろう（想像の、肉体の、知の幻視）。テレサ自身が「霊の幻視」を「想像の幻視」へ変換した事実を除くと、そこで展開される「幻視」にかんする構造は、「幻視認識論」の創設者ともいうべきアウグスティヌスが提起した内容にほぼ即している（『創世記注解』）。とりわけ神秘の合一について、霊のひとつとして特徴づけようとした一節において、パウロの名高いテキストを引用しているのは象徴的である、「あなたがたは自分のからだがキリストの肢体であることを、知らないのか。それだのに、キリストの肢体を取って遊女の肢体としてよいのか。断じていけない。それとも、遊女につく者はそれと一つのからだになることを知らないのか。「ふたりの者は一体となるべきである」とあるからである。しかし主につく者は、主と一つの霊になるのである」[10]。そしてテレサはこのパウロ書簡の最後の部分だけを引きつつ、次のように書いている、

おそらく聖パウロがこの至高の婚姻について、おっしゃっているのもこのことである、「主につく者は、主と一つの霊になるのである」、それはキリストが合一によって魂へ達せられたというように考えられる。（『内面の城の棲家』）

まさにこの記述を通じて、同じようにパウロに基づいて「霊における合一」を説いた古来の神秘主義者たちの伝統へ、テレサはなめらかに参入することを可能とした。そしてこの確信は『人生の書』においては、合一の完全性として、よどみなく簡潔にのべられている、「合一とは何であるかはすでに周知されている、それはふたつの分かれたものがひとつになることである」。

バルデス目録に関わる「転換」においても触れたように、テレサが他の女性たちによる幻視体験を表明する企てのなかで、彼女たちへエンパワメントの方法として提起したのが、幻視における霊の識別、そしてそこでの「経験」という問題であった。テレサにとって、幻視とは神学的権威の根源である以上、彼女のテキストは女性幻視神学（feminine visionary theology）の正統性と権威を復権する試みでもあった。そこで神から授けられた幻視を悪魔に教唆された幻視と対照し、それによって自身が両者の相違を明確に把握していたことを意識させることで、テレサはむしろ暗黙のうちに読者へ向かって自己の幻視の正統性を擁護する。それを明瞭に記述してしまうことは、女性には禁じられていた境界を侵犯することであり、「異端」の根拠とみなされる危険を伴うからである。さらにここで重要な機能をになうのは幻視体験にふくまれる「経験」であり（「経験のあるところでは、わたしの考えでは、悪魔が害をなすことはあり得ない」）、なぜなら「経験」およびその魂への影響は想像力による産物などではなく、人間の能力を越えた（「われわれが現世で理解できるものよりもはるかに高い」）ところにあるからである。『人生の書』の校訂者オトガー・ステジンクがテレサの「経験」に与える意味は、「習慣、実践、または生の営みだけで得られる訓戒、教え」である（巻末「テレサ語彙集」）。幻視体験における「経験」が諸行為によって習得される「教育」であるとすれば、まさしくそれは聖なるものを触知可能なものとする「霊的な仕事」としての「教育」を喚起させずにはいない。「この霊の旅において経験をもたない者はどれほどの困難にあうか」を、テレサは同書のなかで力説している。

テレサの神秘体験において、神との合一はさまざまなレベルの祈りを通じて上昇してゆく旅の頂点を形づくる。しかし合一の祈りが魂の最終目標であるわけではなく、それは問題の過程のさらなる段階のひとつとされている。魂のなかへ神の叡智が啓示され、しるしづけられる仕方について、テレサはその合一が幻視体験と奥深く関係している様相をのべている、「神は御みずからを魂のなかへしるしづけられ、そうして魂がわれにかえるとき、神のところにいたのだ、神はわれのところにいたのだということをいささかも疑うことはできない、この真理はゆるぎなくそのなかにあるので、しばらく経って、神がふたたびあの恩寵をたまわることがなくとも、それが忘れられることも、おられたことを疑うこともあり得ない（…）これはこのうえなく大切なことである」。しかしテレサはこの合一という状態を、恍惚体験とは注意深く区別する。神との完全なる合一は、恍惚体験によって魂の準備ができるまで、起きることはない、だから恍惚では「抵抗することはできない、だが合一においては自分たちの領分にいる以上、できるのである、苦痛と力が伴うが、ほとんどつねに抵抗することができる」という。テレサが恍惚体験を合一への旅の過程とし、しかし完全なる神との合一を生成することはないと繰り返し強調するのは、いうまでもなく恍惚体験が「異端」の嫌疑を生む構成要件だからである。あるいはその体験において、それが想像による、または知の幻視であるとする定義も、神の棲まう場所への魂の参入は、三位一体の知による幻視から開始され、それによって合一において魂へ授けられるこの知の幻視こそ、テレサが追究する神秘体験の正統性を保障する基盤となるのである。こうして「幻視者と神秘の諸伝統との相互依存」、すなわち「幻視を神秘の合一と統合する行為こそ、当時重大な脅威を受けていた幻視認識論を肯定するテレサの方法である」(アールグレン)。

テレサ・デ・ヘスース研究がラディカルな変貌を見せ始めたのは、一九九〇年代以降といってよいだろう。すでに言及しているように、女性/ジェンダー研究と歴史研究の新しい展開が相乗して、歴史的に定着していた「筆のたつ信仰心篤き才女」といったテレサ像は著しく修正されることになる。それらの研究は全体として、彼女のテキストを同時代の歴史社会的文脈のなかで再構築したうえで、ジェンダー/セクシュアリティ、権力と知、精神分析学、古典修辞学のような高度な理論的装置を駆使して、テレサの言説を精巧かつ微細に解釈しなおす作業によって編成されている。アリソン・ウェーバー、キャロル・スレイド、アールグレンといった、主として米国の歴史研究者がまとめたテレサ研究を読むと、その根幹には男性支配の教会組織、そしてそれと対をなす女性差別の原理に貫徹された同時代の社会文化のなかで、テレサがいかに彼女に強いられた障壁と葛藤し、女性には禁じられていた「権威」の回復のために苦闘せざるを得なかったかという、真摯な考察と分析があふれている。それは、意識的か無意識的かはともかく、まぎれもなくフェミニズム歴史学のモチーフが動員された研究上のスタイルであるだろう。それらの素晴しい研究が「才女」としてではない、新しいテレサ像を確立したのは否定しようもないが、そこで構築される、いわば「現代的に」認識されたテレサ像にもある種の違和感が生じないわけではない。テレサの生涯を「女性そしてコンベルソとしての周縁的な位置から」(スレイド)の解放、と定義するのはひじょうに理解を得られやすく、ジェンダーや人種/エスニシティといった現在的な知の枠組にも適合するだろう。だが「何か」が欠けているのだ。そしてその「何か」が「霊」の問題ではないかと思う。

テレサはコミュニティに閉居して瞑想や思索に時間を費やす型の、孤立した思想家ではなかった。権力層との交渉やコミュニティ内部での折衝も厭わない、おそらく実務能力にも長けた宗教者であったにちがいない。しかし、そうした活動の前提にあるテレサの神秘体験やそのナラティヴとしてのテキストを考えるとき、テレサのすべての思考や行為の根源に存在したもの、すなわち「霊」は、彼女の思想を具体化する力の根源として決定的な重要性を帯びてくる。彼女がつねに「シスターたち」と呼びかけ、あるいは「わたしたち」を女性形で書くとき、テレサは霊的な体験という媒介を通じて、それら女性たちには共有されることのないエンパワメントを伝授する「使徒」として、立ち現われるようでもある。ここにおいてこそ、「聖なるものの教育」を媒介として、自分自身、わたしたち自身、そして世界を理解可能なものとする「霊の仕事」が、テレサを世界に散種された（周縁化された「女性そしてコンベルソ」の、ではなく）「マジョリティ」の、「霊性」として認識させることだろう。そこからは十六世紀スペインにおける宗教者テレサの営為を、こんにちグローバル・アクティヴィズムの名のもとに、世俗の女性たちを牽引するアンジェラ・デイヴィスやジャキ・アレキサンダーに節合する誘惑に駆られる。そしてそのひとりであった（ありつづけたかもしれない）グロリア・アンサルドゥーアは、テレサの霊が眠るアビラ訪問時に触発された「聖遺骨」と題する詩のなかで、次のようなリフレインを書いている。切り分けられて散逸してしまったテレサの骨を追憶する行間からは、チカーナではなく、テレサの「シスター」としてのアイデンティティ表明ともいうべきスピリチュアリティが聞えてくる。

わたしたちは聖なる遺骨だ、
ひとりの聖人の散らばった骨だ、
スペインのもっとも愛される骨だ。
わたしたちはたがいを探しもとめる。(11)

(1) M. Jacqui Alexander. *Pedagogies of Crossing. Meditations on Feminism, Sexual Politics, Memory, and the Sacred*. Duke University Press, 2005.

(2) 拙稿「彼女にはこの恐怖がある　名前がないということの」（本書所収）を参照。

(3) ヴォドゥー同様、西アフリカに起源をもつヨルバ系集団のキューバにおける呼称。サンテリーアはかれらの宗教にカトリック教が混交された信仰のスペイン語による名称。

(4) ジョルジュ・バタイユ『内的体験』（出口裕弘訳、平凡社ライブラリー、一九九八年）。

(5) Santa Teresa de Jesús. *Libro de la vida*. Castalia, 1986.

(6) バタイユのフランス語では未確認だが、スペイン語原典では habla である。ここでは同一の概念を指すものとして扱う。

(7) Santa Teresa de Jesús. *Moradas del castillo interior. Obras Completas*. Biblioteca de Autores Cristianos, 1997.

(8) その成立過程については拙稿「幻視する女たち」（本書所収）を参照。

(9) Gillian T. W. Ahlgren. *Teresa of Avila and the Politics of Sanctity*. Cornell University Press, 1996.

(10) 日本聖書協会版『新約聖書』コリント人への第一の手紙、六・一五―一七。ただし、パウロはキリスト教における女性蔑視の伝統を形成する起源のひとりともされており、パウロ＝テレサ関係を単純にテキスト上の引用関係からのみ判断することはできない。

(11) Gloria Anzaldúa. *Borderlands / La frontera. The New Mestiza*. Aunt Lute Books, 1987. テレサの死後の経緯については本稿第1章を参照。

5　水と合一――テレサ、イリガライ、セクシュアリティ

1

そして、そんなことはありえないように、快楽する権利が許されるのは……ひとつの彫像に対してなのである。「ローマへ行って、ベルニーニの彫像をごらんになればよろしい。すぐにおわかりになりますよ。聖女テレサが快楽していることが。疑う余地は全くありません」。ローマへ？　そんなに遠くへ？　ごらんになる？　ひとつの彫像を？　聖女の？　男が彫った？　どんな快楽が問題なのか？　誰の快楽というのか？　なぜなら、当のテレサの快楽については、彼女の書き残したものの方が、おそらくは、より多くを語っているだろうから(1)。

テレサの自叙伝がテキストの随所で自身の幻視や合一の体験について、こまかく考察を加えて

いるのはよく知られている。執筆の動機が自己の神秘体験に神学的な権威を与え、教会制度のなかで正統性を保障する企てにあった以上、テレサがその経験や事実について、詳細かつ明確に記述しようと試みたのはとりあえず疑いようがないだろう。しかし、「主が彼女に授けられたご慈愛をごく特別にのべる」ようにテレサに命じた複数の男性聖職者たちだけが、このテキストの事実上の読者であるなら、彼女がそれらの「個人的な」体験を何の留保もなしに記述したとの証明は何ひとつない。第一稿をかれらに提出したのち（原本は存在しない）、テレサは与えられた修正や削除の指示にしたがって第二稿を作成するが（現存する唯一の手稿）、おそらくそこで「四つの水」をめぐる長い挿入部を加えたとされており、「生涯を通じて綿密な検査のもとにあった」テレサがかれらの介入や批判に応えつつ、あらためて周到にテキストを編成し直したのは明白である。さきに「とりあえず」としたのはこの意味であり、そこから自叙伝の解釈をめぐって、複雑なモチーフが想像されることになる。

自叙伝は通時的な形式にしたがって、テレサの生い立ちや両親の素性から始められ、つづいて修道女として入会するまでの経緯が叙述されている。だがこの進行は十章にいたって中断してしまい、十一章から二十二章までは「庭に水をまく四つの方法」、または「四つの水」として知られる、祈りの四段階をめぐる神学的な議論に費やされている。そしてそのなかで回心体験を得て（一五五四年）、通時的な進行に回帰する二十三章では「これから先は新たなもうひとつの書物であり、いわば新たなもうひとつの伝記である」として、ふたつの時期に明瞭な境界線がひかれる。中断される部分が二十三章以降で詳述されるより高いレベルの幻視体験への導入ともなっており、キリストが彼女のすぐ近くに現われたり、あるいは読書のさなかでさえ、「わたしのなかにおられるのか、わたしがまるごと「かれ」のなかにのみこまれているのか、まったく分からない神の存在の感覚」が不意に訪れたりした。「まったく分からない」というこの感覚は、しかし祈りの第四段階にいたっては変化する。ここで「水」の創造者としての「庭園主」が重要な役割を果たし、テレサは「苦痛」ではなく「霊的な喜び」を感じたとし、この「第四の水」においては感覚ではなく、「何が快楽されるのかは理解できない」快楽があったという（十八章）。同様の体験は合一をめぐる初期の章でも書いていて、主が「静穏の祈りをくださるご慈愛を授けてくださったので、あるとき合一に達した、わたしにはそれとこれとの区別も理解できなかったのだけれど」としている（四章）。

こうしてテレサが繰返し「理解できない」と記述する体験が、ラカンのいうように、その本質や根源についての認識をはるかに越えているのは認めてもよいだろう。テレサの「快楽」がラカンやイリガライの論ずる「快楽」と同一であるのかには疑問が含まれるにしても（この見解はテレサや神秘主義の研究者には多い）、ここではテレサの叙述を通じて、快楽とは身体的なものであるより、むしろ言語的な事実であるとの根本的な問題が浮び上がる。それは、前章でも指摘したように、霊的な書物にたいするテレサの深い傾倒からも推察されるが、同時に神の出現と読書とが連接する地点において、「主体が自己の言説を創設しうる真正かつ内的な根源の不在」（スミス）をも表わしている。[2] そのように考えてくると、男性支配の言説体制のなかでテレサの語るものは、主体としての女性には拒絶された、いわば言語によって媒介された快楽に他ならない。幻視が終ると、しかし「とてつもない困惑」に陥り、自分のふるまいを忘れてしまったうえ、「わたしは卑しい者だ、理解する力もないということに気づかされる」のは、テレサが主体としての自分自身の抹消を何度も書きこんでいることの証拠である。それによって彼女は経験による女性の自己認識の獲得という可能性を否定してみせつつ、その一方で教会イデオロギー装置の内部へ自己を安全に記入していることにもなる。しかしテレサは、ほんとうに、自己の「快楽」について理解できなかったのか。

「言語超越現象」（Transverberación）として知られるテレサの幻視体験は、その記述が沸騰させる濃密な官能性によって最も名高い神秘体験であるが、テレサは性的な恍惚にも似た出来事をむしろ冷静に叙述している（二十九章）。「主が（…）この幻視を見るように思し召された」として始められるこの体験は、つづけてある天使が「からだの形をして左側の方へ、わたしのすぐそばにおられるのを見た」とのべている。しかし、「天使たちは姿を現わすが、かれらを見ることはなく、起った幻視として」見るのだと彼女は主張する。そして天使は「両手で、長い、黄金の矢をもっているのが見え」たとされている。天使は知覚されないのに「矢」が見えたのは奇妙ではあるが、その矢には「先端の鉄のところに」「わずかな火が燃えている」ようであった。ここからが体験の核心になる、

天使は、わたしの心臓にいく度か、その矢を刺していた、矢は内臓まで達していた、そして矢を抜こうとすると、一緒に内臓まで取り出してしまうようであった、わたしは神へのおおきな愛につつまれ、燃えさかっていた。(3)

この後テレサは「何度もうめき声をあげるほど苦痛はおおきく、このとほうもない苦痛ゆえにやさしさがあまりに満ちあふれた」と書いている。しかしそれは「肉体のではなく、霊の苦痛である」と説明したうえで、こうした体験がつづいた数日のあいだ、「腑抜けたよう」になり、「見ようとも話そうとも思わなかった」とこの体験の強度を総括する。

「言語超越現象」は「矢の幻視」とも呼ばれる「神秘のご慈愛」のひとつで、古くから「傷を負う心臓」と結びつけて崇拝されてきた信仰である。この文脈からするとテレサの（少なくとも）記述には、伝統的なキリスト教の教義体系が堅固に前提されていると考えるべきであり、彼女がこの体験の「霊性」を注意深く強調しているのにも、神学的な観点からは何ら曖昧さを認め

ることはできない。テレサによる神へのアイデンティティ化は後年になるほど顕著になり、みずから語る「わたしはもう生きてはおらず、ああ創造の主よ、あなた様がわたしのなかに生きておられる」や、あるいは「もはやおまえはわたしのものであり、わたしはおまえのものである」という、キリストが彼女に語った言葉さえしるされるようになる。だがこれらの記述が端的に明示するように、男性である神との合一がテレサのセクシュアリティをどちらの性にも限定しないのであれば、「矢の幻視」もまた、たんにファロスによる貫入としてだけではなく、イリガライのいうように、〈同一者〉から排除された女性自身がその排除の限界を試し、セクシュアルなものと霊的なものとの周縁で作動する「性的差異の否認」として解釈できるだろう。テレサの合一をめぐる叙述は、その一方では霊的な成長の過程で経験を重ねるごとに強度を増してゆくという意味で、必然的に彼女のセクシュアリティと近接してゆかざるを得ないからである。ともすると対立するようにも見えるふたつのものが緊密に交わり、「男の欲望と同じ言語を話さない」だけでなく、「ギリシア人以来、西欧を支配する論理により覆い隠されてしまった」女性の欲望を、鮮烈にあぶり出すのはここからである。

冒頭で引用したイリガライのテキストに含まれるラカンの発言は、『セミネール第二十巻　アンコール』に収録されている「神と女性の快楽」という講義に登場する。(4) テレサの恍惚体験を造型したことで知られるベルニーニの彫像は、まさしくラカンのこの書物の表紙を飾ったというだけではなく、ルイスの『エクスタシーの宗教』（本稿第1章注4）の表紙にもこの像がある事実などからも、このテレサ像は霊性とセクシュアリティとの交錯する問題圏の象徴とみなされてきたと考えられる。しかし、ここでイリガライが問題にしているのは、ベルニーニ（＝男性）によって作られたテレサ像（＝女性表象）という単純なジェンダー関係ばかりでなく、むしろ文化表象で代理させたままその根源にあるエクリチュールを無視するラカンの、女性のセクシュアリティに向けられた視線でもある。「盗まれた手紙」は仔細に検討してみせながら、テレサの著作については言及すらなく彫像を「見ればよい」で済ませているのは、イリガライの苛立ちを説明してあまりある。そこには神秘家たちへ寄せる彼女の深い連帯があるだろう。

「神と~~女~~性の快楽」は、「話す主体においては、両性間で、性的関係はなされない」との前提から開始される。男性、女性の間にある根本的な非対称、関係の欠如ゆえに、「すべてではない」pas-tout 存在として定義される女性は、したがって「男根的関数のなかに位置しつつも、「すべてではない」ことによって自らを基礎づけることから出発している」。そしてここから、定冠詞つきの「女性」*La* femme は存在せず、「何も意味しない唯一のシニフィアン」であるこの冠詞が抹消された「~~女~~性」としてのみ書かれることになる。いいかえると、「私達は女性一般 *La* femme ということについて語ることができない」のだ。しかしながら男性の欲望にたいして、女性の快楽は「補完的」ではありえないが、「補足的」ではありうる。それこそが「女性自身感じてはいても、多分知ることのない、そして自分が感じているということは知っているような快楽」である。

そして「補足的な快楽」というこの視角から、ラカンは神秘主義のテーマへと参入してゆく。いうまでもなく、それを知覚しながら認識できない主体とは、神秘体験において「合一」を語る女性に他ならないからだ。神秘主義者とは、「男根、というよりは、男根と同じ資格で彼らに充足を与えるもの」、いわば「男根の彼方の快楽」を知覚する者である。かれは当然ながらこれを女性に限定してはいないが、明らかにこの者たちを「女性の否定、無知、危険なまでに過剰な官能の規範として」（スミス）認識する。それによってベルニーニのテレサ像が参照され、テレサの快楽を次のように言明している、

何に彼女は快楽を感じているのでしょうか。神秘主義者の本質的な証言とは、まさに、彼らはそれを感ずるが、それについては何も知らない、ということであることは明らかです。（…）私は女性の快楽が余計なもの（en plus）であるかぎりで、女性の快楽を信じます。(5)

こうしてラカンはこの快楽を主体によって「脱－自」ex-sistence に至るものと考え、そこにおいて、「神という絶対他者の権威が、男性から嫌悪されると同時に理想化される「女性の快楽」

によって支えられる」（スミス）状況の啓示としての、神秘主義のモチーフを提起してみせる。ラカンは、「神秘主義は性交に還元される」としたシャルコーのように、それを抑圧された性的な欲望の代理としてのみ考えているわけではない。しかしまた、以上の議論からも理解できるように、女性が家父長制下で果すべく強いられた一般化された役割を激しく否定しつつ（「女性こそが男性達を所有している」）、一方ではいかなる真正のアイデンティティをも否定することによって（「女性 *La femme* は存在しません」）、ラカンは明らかな矛盾に陥っている（スミス）。ここにこそ、イリガライがフロイトについて語った、「《女性的なもの》は、常に価値を独占する唯一の性である男性の性の欠落、萎縮、裏面として描写されています」との発言の場所が出現することになる。

この講義を含めたラカンのセクシュアリティ論が公刊されてのち、イリガライは「コジ・ファン・トゥティ」という論考において、ラカンの議論へ全面的に反論を加えている。「精神分析は、女のセクシュアリティについて真理の言説を手中にしている」との批判から始められるそのテキストは、精神分析という「真理の論理において、女性的なもの（le feminin）は、男性主体が規定した法とモデルの内部にしか生じない」と断定する。ラカンによれば、「事物の本性、つまり言葉の本性によって排除されてしか存在し」ない女性とは、イリガライにとっては「存在せず、言語が存在する」のであり、「言語――ひとつの言語――が主人として支配するから、存在しない」

のだと痛烈に読みかえられる。そこから、「男性のセクシュアリティの男根的自己表象を保証するひとつの陰画」としての、「女性的なもの」という彼女の中心概念のひとつが導入される。「女性的なものは、男性的なもののためにしか、また、それによってしか、セクシュアリティ化されない」いだろう。そして、「女の快楽の法はありえない」のと同様に、「女の快楽の言説もありえない」のは、「女たちの快楽が、何らかのかたちで女たちのものである言語の中では、また、その言語によっては秩序立てられる可能性が全くない」からである。「快楽する」ことを沈黙すること、ゆえに語ることを快楽しないこと、それが男性のために女性がになう「不可能と禁止との二重の役割」であるとイリガライはいう。

さらに哲学的ロゴスによる強大な力の支配体制を語りつつ、イリガライはこのロゴスによって、「どんな他者をも〈同一者〉の体制の中へと還元してしまう」とのべている。それはまた「常に、他者を〈同一者〉の中へと偏向させ、誘導し、還元しようとする」し、ごく一般的なレベルで「《男性主体》の自己表象諸体系の中に性的差異を消去してしまおうとする」企てでもある（「言説の権力、女性的なものの従属」）。この〈同一者〉体制とでも呼ぶべき支配の構造は、別の面から、女性を男性にとっての使用価値、あるいは交換価値として組みこみ、そこから彼女を女性という性をもつ身体である「商品」として、使用、消費、流通させる。社会や文化はこうした女性の交換システムを基盤として編成されるのだ。そこでは「商品」である女性は、「男の、男にとっての価値の鏡である。そのために商品である女は、自己の身体を鏡像化、投機（思弁）の支え＝物質素材として、男に委ねる。商品である女は、男の活動の跡、印、幻影の場として、自己の自然的、社会的価値を男に委ねる」（「女の市場」）。「男性間の商取引の可能性、あるいは、その対象としながら、交換の利益配分からは」排除されている女性は（「質問録」）、このようにして「母、処女、売春婦」等の社会的役割を強いられ、そこから女性のセクシュアリティに伴うさまざまな特質を与えられる。それらは「再生産と養育との価値のつりあげ。貞節。羞恥。無知。さらに快楽への無関心。男の《活動》の受動的受諾。消費者の欲望をそそるための誘惑。しかし、自らは快楽することなく消費者の欲望の物質的支えとして身を捧げる」ことである（「女の市場」）。要するに、最終的に「女性には自己の快楽への権利がない」のであり、「女性にとって、今なお、もっとも禁じられていることは、自己の快楽について何かを聞かせること」に他ならないのだ。イリガライが神秘家の幻視体験に最大の賭金を置くのはまさにこの地点である。

テレサのテキストは神という超越的な「絶対他者」との関係性のなかで、言語を媒介として、自己の経験を構築しようとする企てであった。しかし、もとより言語から排除されている女性には「快楽」を語る権利も法も、家父長制下の男性支配においてはそもそも拒絶されていることになる。ではなぜ、テレサには「快楽」を語ることができるのか。スミスによれば、テレサの欲望にまぎれもなく備わったあの言語媒介性こそが、彼女の女性性を不安定に構築させているのであり、その主体は神学的な省察と霊的な直観という矛盾した領域を一貫して移動しつづけ、そしてその結果、テレサの神秘体験は「女性による〈法〉への受動的従属」から「身体の分裂と差異の消滅への能動的な快楽」へと変貌する。これが合一の真理であるなら、女性性とは「現実界に安全につながれた固定したアイデンティティではなく、言語における位置、構築物である」（スミス）との理由によって、神秘主義こそは女性がその欲望を表明する特権的な場所として出現するとイリガライは言明する。女性が「他者」と関係し、自己の快楽を表出する場としての神秘主義、またはむしろ神秘の空間は、イリガライの定義によって、「女性が西洋の歴史において、公的に語り、ふるまう唯一の場所」として位置づけられる。

彼女は他のあらゆる感情を越えた苦痛、恐怖、叫び、涙、血に引き裂かれる。言葉が出なくなってしまう。彼女は何かが語られぬままだということを知覚する、それはあらゆる発話にあらがい、それはせいぜい吃りつつ言うことができるだけだ。(6)

しかし、霊性とセクシュアリティとの根源的な関係を探究するには、まさにこの洞察が含まれる彼女の重要な論考、“La mystérique”をとりわけ慎重に読むことから始めなくてはならない。

2

"La mystérique"は、イリガライの主著『他者の女性についての検視鏡』所収のひとつの章のタイトルである。この書物は「ある古い対称の夢の盲点」、「検視鏡」、「プラトンのヒステラ（洞窟）」からなる三部構成をなし、問題のテキストはその第二部の一章があてられている。第一部がフロイト、第三部がプラトンについての綿密きわまる読解であるのにたいし、中間部をなすセクションは、その他の男性思想家——プロティノス、デカルト、カント等——をめぐる断章風のテキスト九本を集めている。(7) いずれにしても西洋思想史の骨格を形づくる男性思想家たちを論ずる壮大な形而上学的批判である書物のなかで、女性神秘家を語るディスクールが、それも書物全体の中央付近に位置づけられている意味ははかりしれないほど大きい。

書名にある検視鏡とは、医学上の定義によれば、耳や鼻、肛門、膣などの検査に使用される鏡のことで、したがって通常は可視的ではない身体の部分を映し出すという機能からは、凹面鏡と理解することもできる。イリガライがこの器具を通じて企てているのは、女性の差異を男性の規範である男根の不在、否定性にもとめたフロイトの女性論に根拠がある。フロイトの定義によって表象の外部に置かれた女性は、それゆえに男性主体の「スペキュラム化」によって反射を与えられねばならず、それは「同一への鏡的な欲望」を生産する。イリガライの批判する家父長的な男根＝ロゴス中心主義における女性の欠如、拒絶とはここに根源があり、その一方では自分自身を反映できる／できない、男性／女性の「思弁／スペキュラム化」spécula(risa)tionという複合概念をもたらす。「鏡」は“La mystérique”全体にわたって、絶えず参照される結節点をなしているが、「氷／鏡」(glace)における意味の重層性にも示唆されるように、たんに不可視を可視化する男性的な道具というよりも、西洋思想がそれによって維持されてきた視覚の体制を露出させる装置と考えるべきだろう。

テキストのタイトルについては、しばしば説明されるように、「神秘主義者」(mystique)、「ヒステリー症者」(hystérique)、「神秘的」(mystérieux)を組み合わせたイリガライ自身の造語であるため、英語版でもそのまま採用されており、本稿でも同様にした。そしてこの語の意味するところから、イリガライは彼女のテキストを開始する、

La mystérique、いまだ神‐学的、存在‐神‐学的な視野のなかで、神秘のディスクールまたは言語と呼ばれるものを、このように指し示すことができるだろう。それは意識にとって謎めいている、あの舞台の外、あの他の舞台を意味するために、まさにその意識ゆえに必要となる名称である。これは意識がもはや支配することなく、あの《暗い夜》、しかしまた、それが極限まで混乱して沈む、あの火そして炎である。

「《暗い夜》」に括弧を付けて強調されているのは、テレサと同時代のスペインの神秘主義者で詩人でもある、聖フワン・デ・ラ・クルスの名高い作品を想起させずにはいないし、そこで言及されている「火」や「炎」もやはり聖フワンのよく知られた作品（たとえば「燃えさかる愛の炎」）を容易に連想させる。いずれの作品も神との（愛の）合一を歓喜する魂の歌とされており、それが両性による合一体験というエロス化された言説空間をもつことも、彼女の選択する設定とよく似ている。というよりもむしろ、イリガライのこのテキスト自身が神秘主義のイメージや隠喩がちりばめられた、ある意味では神秘主義のテキストと同等の地平にあると考えるべきかもしれない。「《主体》と〈他者〉が、それらを項として混同してしまう、ひとつの灼熱／抱擁のなかで流出すること」とイリガライが書くのは、それが神秘の合一を語るそれらのテキスト群においては普遍的に共有された表象だからであり、彼女の志向、スタイルが神秘主義のディスクールに発していることの明白な証拠でもあるだろう。夜または闇／光、魂／身体は“La mystérique”を構成する基本軸として、しかしまた均整のとれた二元論へ抗する潜勢的な方法となって、つねにテキストが送りかえされる神秘のディスクールの参照点を形成する。

しかしイリガライのテキストが神秘主義に重ね合わされつつ、同時にそこから慎重に逸脱してゆくようにみえるのは、ここから先である。彼女はそのディスクールに関して、「流出することについて（…）《彼女》が語る場所」と特定し、そしてこの場所こそが「西洋の歴史のなかで、女性が公的に語り、ふるまう」唯一の場所だとの広く参照されることになる言明をしるす。そのうえ、とイリガライはすぐにつづける、「男性的なものが燃えてしまうまでに大胆になり、下降し、同意するのは、彼女のため／によってである」。なぜなら「男性が多くの場合、それほどまでに過剰に陥ってしまうのは、女性らしく語り、女性のように書き、女性たちのおこなう説教や告解を通して」であるからだ。これらの記述には、のちにイリガライが「女性的なもの」、あるいは「女性の文体」として強く理念化してゆく思考の萌芽があるともいえるが、別の文脈では、性的差異の消滅としての合一に先行する、「もはや《主体》として自己回復することのできない」男性の女性化とも呼ぶべき事態が想像されているのでもある。こうしてイリガライは、さきの言明を補強するように、最初の章節をしめくくる、

（…）最も知識が乏しく、最も無知な者たちが、最も雄弁で、啓示について／において最も豊かである者たちである。歴史的にいって、すなわち、それは女性たちである。あるいは、少なくとも、《女性的》なものである。

でもどのようにしてそれは可能であるのかとイリガライは問う。そこで合一体験に関して最初

に登場する記述は次のようなものだ、[8]《魂》は自己の外へ逃れ、彼女が自分へ（再）貫入できるように、ある洞窟＝穴（antro ouverture）を作り上げる、すると彼女を取り囲む壁は侵入され、内／外の間にある区別／彼女の区別は犯される、すぐ後に来るものは、彼女は消滅するか、あるいは少なくとも同一（として）の自己というアイデンティティの確信が消失するのを見るか、という危険にさらされること、それが生起する地点としての場所－外（ex-stases）という恍惚。しかし彼女はすでに複合的な表象や包装、多様な形状や束縛にからめとられている以上、「いまだ太陽の、いまだ感覚できるすべての視覚の夜」に、「とりわけ、すべての理解できる思弁＝投機（spéculation）の、すべての理論的な凝視＝観想（contemplation）の夜に」佇むだけだろう。あるいは「夜が言語超越的な（transverbérant）光線に、輝ける闇になるまで、夜へ向かって進むしかない」。いうまでもなく、「言語超越的な」という語にテレサらのテキストの反映を見るのはむずかしくはない。

こうして《神》が現われる。《神》こそが彼女自身の自己卑下を越えて、彼女を愛するならば、他の人間たちの意識を越えて、彼女は存在するのだ、その愛はあらゆる評価に優るのだとイリガライは肯定する。テレサが自身について、「みじめで卑しい」と何度もテキストに記入していた事実を想起したい。そしてこのとき、そのディスクールに決定的な力を与えるのは、テキストにはじめて姿を現わす〈息子〉である、そして少なくともひとりの男が、最もおそろしい苦痛のなかで死んでしまうほど、彼女を理解しえたということ。すべての男たちのなかでこの最も女性的な者、それは〈息子〉である。
彼女はいつまでも凝視し／観想しつづける、視線にさらされたかれの裸体へ、かれの処女のような肉の傷口へ、その磔にされた肉体の傷ましい広がりへ、かれを貫く釘の傷へ、その中断へ、その受難とその孤独へ。彼女はかれ／彼女自身への愛が満ちあふれる。

キリスト表象については、たとえばテレサの『人生の書』でもしばしば繰り返される、神秘主義にとっては重要なテーマのひとつである。テレサが識別する三種の幻視については前章でのべているが、アウグスティヌスに由来する幻視神学の伝統に根拠をもとめつつ、「人間のお姿をしたキリスト」ではなく「神のペルソナ」という「知の幻視」に力点を置いたテレサは、やがて幻視自体よりもそれらがもつ神的な根源を確認する方法へと思考の焦点を非‐表象化してゆく。イリガライがテレサの議論を意識したのかは判断できないにせよ、少なくともそれが「受肉」という神学上の教義とは異なる問題構制をもつ、したがって神秘体験において横溢するセクシュアリティの契機として想像されているのは疑いようがない。トリル・モイはそれによって、キリストは家父長的な視覚の論理を解体し、神秘家の自己卑下が〈息子〉の受難を再現してみせるという(9)。

すなわち、苦悩するキリストという表象にならうことによって、逆に従属的な位置にあるべき彼女自身の快楽が生成される空間が切り開かれることになる。つまりここで語られているのはキリストの表象なのではなく、それによって「愛が満ちあふれる」女性という「他者」の生成というべきである。イリガライはこのエクリチュールを通じて、神秘主義的な視覚の体制を再構築しているというより、むしろキリスト表象を再想像することで家父長的に編成された主体の地位を転覆しようと企てているようにみえる。

こうして“La mystérique”はその最後の場面で、明らかにテレサの体験した神秘の合一をモデルとしたディスクールを用意する。「女性のこの「思弁／スペキュラム化」という奇妙なエコノミー」という、あたかもテキスト全体を透視するようでもある導入から始まるこの部分で、「彼女」がその鏡において参照する超越とは、

近づく者（にとって）を（自分から）引き離す者、その抱擁において、最もきつく彼女を抱く者からの分離を嘆く者、しかしまた、彼女のからだを深く貫きながら、同時に臓腑をえぐりとってしまう矢をもとめる者、それゆえに《神》こそは彼女の最高の愛人であったことが分かるだろう、なぜなら彼女を彼女自身から遠ざけるのは、彼女が自分／〈かれ〉をふたたび見出す彼女の快楽というあの逸脱によってのみだからである。

神秘を体験する者がその快楽を通じて「自分を見出す」という行為は、霊的な知によって「わたしたち自身を理解する」こととして、本稿で反復してきた主題とまぎれもなく呼応する。こうしたスピリチュアリティへの直截な接近の仕方が、もしかすると現代西洋思想の領域で、彼女が「異端」扱いされる理由でもあるのかもしれない。しかし、少なくとも“La mystérique”におけるイリガライは、大胆に過去の女性神秘家の霊的な伝統に踏み出すことによって、「霊の仕事」を人間や世界の理解へとうながし、女性主体を回復しうる重要な知として確信したのにちがいない。このときセクシュアリティは、彼女の霊性へ吸いよせられ、「消去された」女性の快楽を剝き出しに解き放つ欲望として、新たな関係性の場を創出する可能性をあふれさせることだろう。

ところで、テレサとイリガライをつなぐ媒介項として、ボーヴォワールの名前を挿しこむことは可能だろうか。『第二の性』の思想家がまさにその書物のなかで、教会を中心とするキリスト教批判を展開している議論は、フェミニズム神学の代表的な理論家のひとり、メアリー・デイリーによる主著『教会と第二の性』(10)において詳細に検討されている。そこでデイリーは、ボーヴォワールによるキリスト教批判、とりわけその機構上の中核を占める教会へ加えられた批判のいくつかを整理した後で、意外なことに、「女性は宗教を通して超越性を獲得することができる」

とするボーヴォワールの見解を取り上げる。ボーヴォワール自身は女性神秘家一般にたいして、むしろ病理的な認識を抱いていたようにみえるが、ただひとり、「アヴィラのテレサ」だけは例外として強調している。ボーヴォワールによれば、神秘体験の価値とは主観による感受にではなく、それが与える客観的影響にあるのであり、この意味でテレサは「非常に知的な方法で、個人と超越的存在の間の関係という劇的な問題を提起する」という。それによってテレサはその世俗的かつ神秘家としての生涯、その行動、そしてテキストのすべてにおいて、「男性もいまだかつて到達したことのない高みにまで達している」と賞賛するが、その根拠についてはこれ以上何ものべてはいない。そしてデイリーはこれを受けて、明白なのはテレサが「キリスト教の神秘家」であったという事実を最後に付け加える。

ある意味では当然かもしれないが、六八年に発表されたデイリーの著作には欠落している女性の身体をめぐる超越と内在という問題を検討するホリーウッドは、ボーヴォワールとイリガライがキリスト教神秘主義に関心を抱くのは、それが「無として及び過剰としての女性間の、男性の主体性に関する彼女らの内在そして超越間の関係性が記入される、最初の場所」だからであるという。[11] とはいえ女性神秘家たちにたいする両者の態度はおなじではなく、ボーヴォワールがテレサ以外はいわば消極的に評価する一方で、イリガライは少なくとも彼女たちの恍惚、あるいは快楽とみなしうる経験をはるかに賛美している。そのうえでホリーウッドはいう、“La mystérique”

をボーヴォワールによる神秘主義や宗教に関する読解への応答とみなすことができる、それは西洋文化内部にある女性たちの従属的な位置にとっての「正当化」と解釈できるからだ。しかしながら、イリガライが女性神秘家たちのディスクールそのものを論じるのではなく、彼女たちの神秘体験やそこで中心となる身体へ焦点をあてているのは、これまでの記述からも明らかだろう。このことはさらに、問題のテキストには固有名がただひとつすら表われないという事実に意識的に表出されてもいる。だがホリーウッド自身が指摘するように、キリスト教神秘主義の伝統の多様さに加えて、「女性神秘家」あるいは「女性スピリチュアリティ」といったジェンダー化された観念へも、多くの矛盾がはらまれている。ボーヴォワールについてはともかく、たとえばイリガライがテレサ以外にも取り上げているフォリーニョのアンジェラは、そのテキストが男性によって筆記された事実は歴史的に証明されており、一方では“La mystérique”のエピグラフとして挙げられている三人の神秘家のうち、アンジェラ以外は男性（ルースブルーク、エックハルト）である事実から、ふたりの思想家の神秘主義のテキストへの認識は「限定的で本質主義的」であるとホリーウッドは断定している。

ボーヴォワールやイリガライの方法は、とりわけアンジェラやテレサに見られるような聖人自叙伝的なジェンダー表象に照準することにより、彼女たち自身の近代的関心を中世及び近代初期のテキストに適応してゆくとの文脈だけからすると、テキストよりもむしろ身体としての神秘家に焦点があるとの指摘は明快なのかもしれない。ボーヴォワールがテレサのテキストに内包される彼女の健全かつ抑制されたエロティシズムを見るとき、ボーヴォワールの実存主義的な倫理は、男性に対する女性の〈他者〉との／としての同一化から、女性の宗教性を構想している。すなわち、もとより彼女の主体性概念は男性原理に根ざしたものであり、身体が意識や意味を認識することなく意味を表現してしまうヒステリー症者の場合とは異なり、イリガライも批判するように、ボーヴォワールにとってはベルニーニの彫像が再現する合一体験も違和感なく正当化されてしまう。いうまでもなく、女性神秘家の合一体験から意識や抑制を剝ぎとり、快楽の瞬間としてとらえるラカンやイリガライの立場と異なるのは、ボーヴォワールがまさに実存的な倫理の要請する身体への熟練に神秘体験の本質を認識し、「主体性とは身体化された存在を標定する物質的拘束を克服する能力」と考えるからに他ならない。しかもボーヴォワールは、テレサを「女性たちが従属する制度的、社会的、文化的抑圧によって標定もされなければそれらに抗して闘うこともできない、孤立した個人」にすることで、他の女性神秘家たちから切断し、特権化してしまっているともホリーウッドはのべている。

　そのうえでホリーウッドは、イリガライがテレサの体験を媒介として示唆しているだけの視覚のラディカル性を、テレサ以前の女性神秘家たちのテキストへも拡張することを主張する。そこではふたりの思想家のテキストがいまだ異性愛的なエコノミーに根拠を置くのにたいし、それら中世及び近代初期に位置する神秘家たちは、まずジェンダー／セクシュアリティを流動的な実質としてあつかい、それによって彼女らのテキストが構築されているイデオロギー的な拘束を分裂させているという。しかし奇妙なことに、イリガライの読者ならばすぐに想起するはずだが、『ひとつではない女の性』には「流体《力学》」と題された重要な論考が含まれているだけではなく、精神分析が流体特有の構造を排除することにより永続化してきた帰結である、快楽の絶対的な受託者としての「存在しない女」という決定的な概念が提出されてもいる。流体、流動するものは、イリガライ理論の核をなす概念のひとつであり、それは「単位に対して、常に過剰であるか欠如であるか」というものとして、すべての停止された自己同一化を免れる、いいかえるとジェンダー／セクシュアリティの網目を横断、移動してゆく。イリガライはみずから提唱する「フェミニンな」文体について語るときも、その文彩が「いかなる形態の自己同一化の可能性にも決して立ち止まらない《固有性》」であり、そしてそれは「常に流体的なもの」だと定義している。あるいは精神分析における多型倒錯の問題系に拠りつつ、女性にとって「流体の快楽」は口唇期以降の段階を過ぎてもなお、持続されるのであり、そこから「彼女の内と外で、さらには彼女たちの間で、「それが流れる」ことの快感」を指摘している。イリガライの流体的思考は、ジェンダーやセクシュアリティの流体化という経験を実践するテレサら、女性神秘家の問題系へとただちに接続してゆかねばならない。

3

イリガライ哲学の核心にあって、女性を流体、流動的なものとする概念が、神秘の合一における性的差異の消滅という現象から構想されているのは、想像しにくいことではない。女性の快楽についてイリガライがのべるとき、それは「現行体制の計算をやり直しのきかないほど妨害する。というのも、この快楽は他者の中を通過することにより、不定形に（無限に）増加していく」（「ひとつではない女の性」）からとしているが、ここでは他者を「通過」し、「増加」をつづける快楽という言説のなかに、女性神秘家たちが表明する合一体験の霊的な反映を読みとることもできる。しかしその一方で、トリル・モイが厳しく問うように、実はこの概念はけっして批判しがたいものでもない。なぜならイリガライの讃美する神秘体験とは、結局のところ、家父長的秩序への徹底した従属によってしか獲得できないものであり、そうであるなら、女性と流体とを、家父長的言説を強化するという構造のなかで、まさしく家父長的に同等化する企てにすぎないからである。さらには女性を流体としてとらえる発想において、それは「生命をもたらす海、また血、乳、羊水のみなもととしての女性」に還元される陥穽におちいるかもしれない。それによって女性＝流体は、家父長の窃視症的構築にたいする「肯定的なオルタナティヴ」として幻想させ、イリガライ自身が糾弾してやまない「同一なもの」の論理を完璧に再生産するだけに終わってしまうだろう。

フロイトが最初に提起し、ラカンによって継承された女性のセクシュアリティをめぐる議論は、いわば「女性は何を欲望するのか」という問いに収斂して展開されてきた。そこでは、たとえばベルニーニが絶対化した、女性のセクシュアリティがはらむ「他者性」という関係性の構造から、問題が考察されてきたといってよい。しかしラカン以降、この審級でひとりの女性神秘家が参照され始めた事実によって、おそらく別の問題が提起されることになった。ジュリエット・ミッチェルはかつてこの点に着目し、そしてテレサによる聖書解釈を引用しつつ、セクシュアリティとは「それの、そして主体による、移動のレヴェルに帰属する」と指摘した(12)。ここで強調される「移動」とは、いいかえると女性性の流体性を根拠づけるものであり、それが(男性による文化表象ではなく)テレサ自身の霊的なディスクールから帰結されている意味は少なくはない。そしてイリガライのむしろすぐれた批判者と思われるモイが、主著『検視鏡《スペキュラム》』を論じた部分において、特に神秘主義にスペースを割いている事実も、イリガライ思想におけるこのディスクールの、その霊的実践がもつ重さを裏付けているだろう。しかしここで、イリガライの神秘主義をめぐるディスクールとその流体的思考の正統性を判断するのは留保し、もう一度、テレサのディスクールに立ち返る必要がある。イリガライの流体とテレサを結ぶもの、それが『人生の書』の前半においてテレサがあえて展開しようとする、「水」についての思考である。

テレサの「水」は同書の十一章で、はじめて登場する。すでに触れているように、この章から二十二章までは、テレサが最初に執筆した自伝の草稿には存在しなかった部分であり、彼女は男性指導者による修正の指示を受けて、その第二稿で大幅に加筆したとされている。この加筆の意図については、最初の草稿ではテレサの回心にいたる個人的な努力が強調されすぎているため、より神の授ける恩寵に力点を置いたテキストへと内容を変更し、最終的に自身の霊的経験の正統性を補強することにあった。いずれにしてもテレサはこの意図に基づいて、霊的な隠喩としての「庭」というイメージを提示し、そこへ「庭園主」によって注がれる「水」なるモチーフさえも構想するにいたった。テレサの企てたこの構図は、その十一章ですでにおおまかに素描されている。それが「庭に水をまく四つの方法」という、これらの部分を要約する霊的な表明である。

テキストは、この経験を志す者は、雑草が伸び放題の土地に庭園を造り始める想像をせよとの指示から開始される。しかしそれはあくまでも主がお喜びになるためであり、そして主ならそれらの雑草を引き抜き、よき草花を植えることだろうと説く。そして神のお支えとともに、われわれはよき庭園主として、これらの草花がしおれず、いつも芳香をただよわせるように生育に努め、そうすれば主は何度もこの庭園へ足を運ばれ、お楽しみになられることだろう。そのうえで、ではこれから、水をまくことのできる仕方を考えてみよう、われわれは何をなすべきか、費やされるはずの労働、それは成果よりもおおきいかどうか、どれだけの時間がかかるのかを理解すべきだからである。

わたしの考えでは、四通りの方法で水をまくことができる、すなわち、

1　井戸から水を汲むことによって、それはひじょうに労力を要することである、

2　水汲み水車と桶を使って、引き綱で汲み上げる（わたしは何度か汲み上げたことがある）、これは前のやり方ほど労力は要らないし、より多くの水を汲み上げる、

3　河や小川から、これはもっとよく水がまける、土地はさらに十分に水をふくみ、あまり頻繁にまく必要もないだろう、庭園主にかかる労力もずっと少ない、

4　雨が多いことによって、主が水をまいてくださるので、われわれには何の労力も要らない、以上にのべたやり方よりすぐれているのは較べるまでもない(13)。

ここで庭とは魂の「アレゴリーというよりアナロジー」（スレイド）に他ならないが、その典拠として、旧約聖書中の複数のテキストを指摘されることが多い。創世記（二・八―一〇）には、天地創造を果した主なる神がエデンに「園」を造り樹木を生えさせ、そこから一つの川が「流れ出て園を潤し、そこから分かれて四つの川となった」との記述がある。また、雅歌（四・一五）で

も庭と水のイメージが重要な機能を果しているし（愛する「あなたは園の泉、生ける水の井、／またレバノンから流れ出る川である」）、その一方で詩篇（一・三）においては人間の義という主題に関連して視覚化されている（「このような人は流れのほとりに植えられた木の／時が来ると実を結び、／その葉もしぼまないように、そのなすところは皆栄える」）。これらの出典からも分かるように、庭と水の比喩がテレサの独創というわけではないのは、旧約における「植物への水の重要性」はむしろ周知の主題といってよく、これらのテキストの随所に現われる事実からも自明である。[14]とはいえ、テレサがこのイメージを根拠としているのは必ずしもキリスト教神学への厳格な忠誠を明示するためではなく、たとえばアウグスティヌスの魂をめぐる考察との関係から推測できるように、基本的に一貫して戦略的な意図に発している。アウグスティヌスは霊的な自己認識にとって、意志、理解、記憶という三つの能力の対等な相互作用こそが不可欠であると考えたが、それにたいしてテレサはそれらの三能力をそのまま導入しつつも、三能力に関する理論を霊的な自己解釈へと応用しようとする。それによって意志における感情の能力を特権化し、反対に理解や記憶を、ときに意志にたいする障害として定義する場面さえ現われる。庭と水をめぐる過程で表現されるモチーフは、したがってこれらの能力を神学的な議論のなかへ位置づけるうえで、戦略的に構想されたテキストの内部へと組み込まれている。

「庭へ水をまく四つの方法」とは、魂が「愛のしもべ」になるための過程でもあるが、これらは「祈りの四段階」としても名づけられている（以下、段階とする）。簡潔にいえばこれらの段階は、二つのステージ、すなわち自然なステージと超自然的なステージとに区分できる。ただしここでいわれる「超自然的」とは、神秘体験に関して神が魂へ与える恵み、恩寵のことを指しており、たんに人間の知覚で理解できないものとはちがう。そしてこれらのステージを分割するのは神の介入による援助の有無であり、自然なステージでは人間の努力のみが要請されるのにたいし、もうひとつのステージでは次第に神の援助が増大してゆくとの顕著な傾向をもつ。そこでこれを四段階に適用すると、前者が第一であり、第二以降の段階はすべて神の介入によって特徴づけられている。したがって第一の段階では人間自身の営為に焦点があてられるが、ここで発達する能力としての意志が強調され、のちに魂が神との感情的な関係を結ぶための実践として、「こころの祈り」が推奨されることになる。第二段階は「静穏の祈り」とも名づけられ、神の援助が始まるレヴェルでもあるが、ここから水に代わって火が出現し、神の愛のしるしとして機能し始める。しかし第三段階になると水は復活し、三つの能力は完全に神と一体化するが、しかし機能しなくなるほど吸収されるわけではない。そして最終の第四段階にいたって注目すべきなのは、合一と上昇という、テレサの認識ではたがいに異なる二つの霊的状態が導入され、そしてこの合一においてこそ、すべての能力は神に吸収されてしまうが、それでも意志だけはその機能を遂行する。テレサはこの段階で、恍惚とも定義される上昇を的確には理解できないでいるらしく、そこで意志の変容を叙述するための方法として、水ではなく、魂と火とのアナロジーが採用される。そして魂が「愛のしもべ」として、庭園の管理人に変身するとき、魂はこの状態を「燃えさかる愛」として経験するのである。これが第1節でも触れた、そしてベルニーニのテレサ像のモデルともなった、まさにあの合一体験において浮彫りにされることになるのは説明するまでもない。

このようにして記述されるテレサの水は、それ固有のものに限定されてはおらず、まさに流体として、涙、泉、霧、雲、雨といったさまざまな形状に変容する。テレサにとって、水は衰弱した感情の状態（「あの大いなる渇き」）を緩和する物質と考えられており、そこから魂としての庭は、いわば水だけではない、あらゆる水分を吸収、貯蔵する土地となって出現するにいたる。しかし水に与えられるこのような可塑性は、モイの指摘する女性性の根源としての流体性という思考からとらえかえすとき、逆説的なことに、より強烈に神秘の合一におけるスピリチュアリティの強度を喚起するように思える。ここで神から人間に与えられる霊的な愛としての水は、たんに現実界において表象される物質なのではすでにない。イリガライ思想にならえば、それは「剛体に基盤を置く男性的世界からはつねに排除されねばならない、抑圧された「女性」項」（スミス）として、剛体が構築する家父長的秩序に対抗する経験へと直接的に導かれる。そうして「存在しない」女性の廃棄物としての「神と女」は、スピリチュアリティの知のただなかで、ついに合一の瞬間をむかえるだろう。古来から合理性と剛体力学とが不可分に築いてきた関係にたいして、流体はむしろこのような方法によって、異議を唱えてきたのである（以上、「流体《力学》」による）。

テレサにとって、結局、水とは何か。すでにのべてもいるが、テレサは神秘体験の全容を水によって説明する可能性を途中から放棄してしまっている。水をめぐるモチーフということでは関係の深い『内面の城の棲家』においては、みずから「いくつかの」霊的経験を説明するため、水ほど適切なものはないとまで言いきっている。しかしその一方で、この定義も水では説明できない経験にあっては、「火」のモチーフへの転換という戦略を通じて、魂としての庭という設定自体が無効化されることになってしまう。だがこうしたテキスト編成上の錯誤を通じて現われてくるのは、だからこそテレサがひき寄せられた水という比喩の根源性である。その基底にあるのは、イリガライの場合と重なるように、水や流体が女性のセクシュアリティを語る時の決定的なエージェンシーとなることにちがいない。それらが合一や女性性に必要なのはなぜか、その秘密こそ、到達不可能な地平に位置づけられる超越性としてではない、スピリチュアリティにあるだろう。「神的な愛の最後の外延であるとともに、今度はそれらがこの愛の源泉である」（フーコー「侵犯行為への序言」）ものとしてのセクシュアリティは、霊的な思想の内部と外部へ、まぎれもなく流動するものとして存在している。それがふたりの女性思想家を強くつなぎ合わせる、結節点をなしている。

さまざまな差異や関係の消滅または変容を生成する流動するものとは、グロリア・アンサルドゥーアの展開した「メスティーサの意識」論を想起させずにはいない(15)。アンサルドゥーアのテキストが表出する霊的な思考を、古代メキシコ思想やテレサの神秘思想にも分け入りつつ、綿密だが粘り強く説明するスザンヌ・ボストは、アンサルドゥーアにおける「苦痛」の意味について斬新な考察を展開している(16)。ボストによれば、「苦痛」にたいしてアンサルドゥーアが抱く思考や意識はメキシコの歴史社会が形成してきた文化的枠組から由来しており、したがってそれはアステカ等の先住民族の信仰とスペインから伝えられたカトリック教という、それぞれ別個でもあれば混淆もしている、「二重の霊的な遺産」に基盤をもつ。そこでは「固有のもの」の境界は文化的に相対的なものであり、しかもひとつ以上の文化的伝統への帰属によって、それらの境界は「流動的」なものとして了解される。ここで「苦痛」とは、メキシコにおいては征服と支配によって、歴史的に経験されてきた犠牲化、さらに人種的かつ性的な抑圧を標示するだけではなく、「流動的で非統一的な主体」の形成における多様な要素を統合／分解する過程としてとらえることができる。アンサルドゥーアの語る苦痛、恍惚、病いの物語とは、ボストにとって、まず何よりも肉の否定ではなく、彼女のスピリチュアリティがもつ身体的次元の讃美である。それゆえにアンサルドゥーア自身が、自分に関する研究や議論について欠けているのは、彼女のテキストがもつ「霊的／神秘的／詩的な諸相」であると指摘しているのは興味深い。

とはいえポストの議論には、流動するのは主体なのか、それともそれらを画定する境界なのか判別しにくいという曖昧さは残るが、しかしそのうえで肯定したいのは、アンサルドゥーア思想における「苦痛」の問題構制を身体性の新たな理解から復権させ、さらにそこへ流体的思考の可能性を開いてみせたことである。そしてそれが、いうまでもなくイリガライの提唱する「流体《力学》」という名の装置と同一の文脈にあるのを理解することも、またむずかしくはないだろう。性的差異や他者の関係性について考えるとき、流動的なものという概念は、いずれにしても陥りやすい隘路であり、それによって自由であるべき思考や観念を本質化してしまう危うさはくどいほどに批判されてきた。同様の批判はアンサルドゥーアのテキストのテーマである「ボーダーランズ」概念にも向けられている。「ボーダーランズ」をあたかもハイブリディティ＝混淆性の特権化であるかのように定義する行為ほど、彼女の企てから隔てられているものはない。混淆性の特権化とは、いいかえるとアイデンティティを「ハイブリッド」の名のもとに固定し、その前提から自律した主体をもとめる行為に他ならないが、「ボーダーランズ」が志向するポリティクスは、アイデンティティをまさにその対極に位置づける。ネイティヴの文化とヨーロッパの文化とが混淆した結果に生じた、それ自体が折衷的な「西洋」という、人間性、合理性、論理によって編成される枠組を越えて、それは「苦痛、死、そして他者性との接触を含んだ、浸透するアイデンティティ」(ポスト)に他ならないからだ。そこで重要であるのは、フーコーがのべた「霊的な知」の継承という主題であり、いまわたしたちに問われているのは「(個人主義というよりも)間主体性、(抽象化というよりも)物質性、(防御性というよりも)開かれ、(無菌性というよりも)感情、そして(制度化された基準というよりも)諸差異間の摩擦に築かれたポリティクス」なのである。

最後に強調しておきたいのは、このような文脈で理解されうるうえでのイリガライの哲学が、この思想家をフロイトやラカンによりも、むしろアンサルドゥーアやアレキサンダーに否定しようもなく近接させてしまう、現在の興味深い事態である。それはイデオロギーとして共有される解放のための理論では、もとよりない。テレサやそれ以前の女性神秘家たちの伝統は、もしかするとより錯綜した不可視の痕跡をのこしつつ、モダニティの彼方へと生き延びていると想像することはできる。ただ、そのように霊的に継承されてゆく宗教言説の系譜とは別に、イリガライ自身が、その書名すらも流体的であるのだが、近著『東洋と西洋の間で』において、今もなおスピリチュアリティの重要性を語りつづけている事実は記憶しておきたい。西洋文化が身体と精神/霊を切り離し、物質化しただけの生活に進歩を見出したのにくらべ、生ける宇宙のエコノミーとの共生を保持してきた東洋の思想文化を讃美するイリガライは、おおむね"La mystérique"で提示した枠組から逸脱してはいない。それどころか、おおきな受苦を代償としなければならないその西洋神秘主義さえも、「感覚による認識の涵養」には無益であったと省察する。そうではなく

「感覚的な能力の教育」によって、聖なるものを具現する場所としての身体のスピリチュアル化をめざし、それゆえに「わたしの身体を霊的な身体に変容すること」が要請され、この実践を通じて「二重の主体性」、「ふたりであること」に根拠をもつ存在論が出現するのである。そこから主体の「単数性からコミューン性へ」(同書副題)の混淆(mixité)を彼女が主張するとき、この「ミクシテ」は「境界モナク生きて／十字路にならねばならない」者たちの「ボーダーランズ」としか聞えない。いまイリガライの霊的な哲学がどのような思想的風景に位置づけられるか、ここから語られるべきであるはずだ。

〔霊的な〕そのような文化こそが今日、男性と女性によるひとつの社会のスピリチュアル化にとって、そして特にかれらの間の愛のスピリチュアル化にとって、欠如している、つまりそれはカップルまたは社会のレヴェルで、わたしたちの生存そして再生の場所となる、自然の生ける宇宙と調和しつづける愛である。(17)

(1) リュース・イリガライ『ひとつではない女の性』棚沢直子・小野ゆり子・中嶋公子訳、勁草書房、一九八七年。文中での引用は文脈の都合上、語句や表記の一部を改変してある。

(2) Paul Julian Smith. "Visions of Teresa. Lacan, Irigaray, Kristeva". *Representing the Other*. Oxford University Press, 1992.
(3) Santa Teresa de Jesús. *Libro de la vida*. Castalia, 1986.
(4) 以下の引用はジャック・ラカン「神と女性の快楽」(若森栄樹訳、『現代思想』一九八五年一月号)による。なお『セミネール』のこの巻は未訳である。
(5) 省略した部分で、ラカンは神秘主義者のエクリチュールと自分のテキスト(『エクリ』)とが、「同じ分野に属する」「神秘的な恍惚たる飛躍」であるとのべている。たとえば(バタイユやバルトにも通ずる)この思想への親近性の表白が、精神分析とスピリチュアリティとの根源的な相関性の探究を励起したことは想像にかたくない。
(6) Luce Irigaray. *Speculum. De l'autre femme*. Ed. de Minuit, 1974. なお翻訳にあたっては英訳(*Speculum of the Other Woman*. Translated by Gillian C. Gill. Cornell University Press, 1985)を参考にした。
(7) 英語版ではプラトンの引用からなるテキストが加えられ、十本になっているが事情は不明。
(8) これ以降、《魂》が「彼女」に置換される印象を与えるが、英語版訳注でも指摘されるように、イリガライが前者の女性(名詞)性を含意して後者を使用しているのは明白なため、和訳でも「彼女」で統一した。
(9) Toril Moi. *Sexual/Textual Politics. Feminist Literary Theory*. Methuen, 1987.
(10) 『教会と第二の性』岩田澄江訳、未來社、一九八一年。
(11) Amy H. Hollywood. "Beauvoir, Irigaray, and the mystical." *Hypatia* 9, 4. 1994.
(12) Juliet Mitchell and Jacqueline Rose (eds.). *Feminine Sexuality. Jacques Lacan and the* école freudienne. W. W. Norton, 1985.
(13) 引用中、箇条書きは区分を明確にするためで、原文にはない。
(14) これらの出典についてはA・E・マクグラス『キリスト教の霊性』(稲垣久和・岩田三枝子・豊川慎訳、教文館、二〇〇六年)を参考にした。同書にはテレサの庭に関する簡潔な解説が載っている。
(15) アンサルドゥーアについては拙稿「彼女にはこの恐怖がある　名前がないということの」(本書所収)を参照。
(16) Suzanne Bost. "Gloria Anzaldúa's Mestiza Pain. Mexican Sacrifice, Chicana Embodiment, and Feminist Politics". *Aztlán*.

vol. 30, no. 2, 2005.

(17) Luce Irigaray. *Between East and West*. Translated by Stephen Pulháček. Columbia University Press, 2002.

6　なぜ子を殺したか

1

むかしひとりの女がいた、ともに暮らす男との間には子ももうけていた、やがて男は女を棄ててしまう、棄てられた女は怒り、絶望にかられ、男への復讐のため、子どもを河へ投げこみ、溺死させる、女は後で自分のしたことに気づくと正気を失い、殺した子どもを探して永久にさまよいつづける。女が子どもを呼ぶ声がしばしば夜半に響き、女の姿は河だけではなく湖沼に出没することも多く、子をもとめて水上に浮かぶのを目撃されている。

現在のメキシコ／アメリカ国境をはさんで、グワテマラ国境からシカゴまで、ニューヨークからロサンジェルスまでの広大な地域をグレーター・メキシコと呼ぶことを提唱したのは、国境地域の民話や伝説の研究で知られ、チカーノ・スタディーズの創始者とされるアメリコ・パレーデスであった。パレーデスの意図は、政治的な境界によって分割されたメキシコ、米国というナショナルな地理ではなく、そのほぼ全域に分布し、メキシコ文化を共有する人びとの居住、生活するコミュニティからなる地域を、堆積する文化の記憶を通じて創出することにあった。それによってかれらを「国家」に従属する市民として定義する文化ナショナリズムとはラディカルに異なる、新しい「市民＝主体」の出現を想像しうるトランスナショナルな社会空間を構築するように企てたのである。今日、この名称は学術的には衰退したようにも見えるが、グローバリゼーションが加速し、人、モノ、資本の移動が激化する現代であればこそ、グレーター・メキシコはこれら広汎な地域を包含し、そこへ新たな文化市民権の実現をめざす概念として、ふたたび重要な意味を負いつつあるともいえるだろう（ラモン・サルディバル）。そしてこの文脈から再検討されるべき伝承のひとつが、冒頭にモデルとしてのべた「ジョローナ」伝承である。

スペイン語で「ラ・ジョローナ」La llorona といえば、一般に「泣き女」とされる女性表象のことである。「実子殺し」というモチーフからするとその歴史は古く、古典ギリシア劇の知識があるなら、エウリピデスの悲劇『メデイア』を想起させるのは容易であるにちがいない。グレーター・メキシコにおいてはすでにアステカ時代の伝承に同種の物語が残っており、それが文字による記録として登場するのは、スペイン人宣教師サアグンの書いた『ヌエバ・エスパーニャ自然史』が最初であった。それによると征服者コルテスが到着する直前のころ、「ああ子どもたち、この都から逃げ出さなくては!」と泣き叫びながら街路をさまよう女の存在が言及されており、それによってこれからアステカ人に襲いかかる悲劇を予見していたと考えられている。実際、ジョローナ伝承をメキシコ征服と結びつけて語る解釈は少なくない。なぜなら征服後の性的搾取や混血化の過程が直截に物語るように、「女性たちにとって、征服とはつねに自分の子どもたちに起こること、自分の身体に起こることに関わっていた」からである(アンサルドゥーア)。

サアグンの記述した伝承をコルテス以後の視点から再生したような解釈が、「ジョローナ=マリンチェ」説かもしれない。コルテスにはその後スペイン人たちからマリンチェと呼ばれるようになる、インディヘナの愛人がいた。彼女はアステカの貴族の娘で、上陸したコルテスに贈与され、アステカ人たちとの通訳として使われ、スペイン軍の戦術上の補佐役も務めたとされる。この女性を身ごもらせたコルテスは、しかしスペインへ帰国する時になると、彼女も子も棄ててしまう。その後マリンチェは子どもを(伝承によると)ナイフで刺殺したとされている。ここにはのちに爵位まで手に入れる野心家の男と征服されたインディヘナとの間にある、階級的差異を認めることもできるが、史実からすると明らかな虚構としか考えられない部分が多い。ジョローナと棄てた男との関係性として、女はインディヘナか混血で男は純血であるとする例はたしかに多く、この意味では階級差に人種/エスニシティが重層して想像されているとも指摘できる。というよりもむしろ、ナショナルな解釈ではマリンチェに与えられているコミュニティの「裏切者」としてのイメージが、同様に「ジョローナ」につきまとってきた「子を殺した女」という恐怖や憎悪の視線と節合して、家父長制社会において、そしてナショナル・アイデンティティが形成される植民地化の諸段階で、ともに女性に割りふられた負の役割を代理＝表象してきたというべきなのだろう。

それが伝承である以上、ジョローナに関する記録、情報には無数の差異が見出される。さまようジョローナの姿は、一般的に、腰までとどく長い髪をもち、白いガウンに身を包んでいる。そして深夜男たちの前に出現して誘惑すると、突然醜く変貌して恐怖に陥れ、そして翌日になるとかれらの死体が発見されるという結構もまれではない。特異な例として、十九世紀のカリフォルニア北部で起ったとされる事件があり、この物語では子どもは殺されない。開拓時代の植民地北部では、先住民族との戦争に出征するメキシコ人兵士たちに同伴して、多数の妻や子が行動をともにしていた。そうした妻のひとりは出産後まもなく夫の死を知らされると、幼児をつかんで近くの河へ突進し、子を急流に投げこみ、自分も身を投げようとした。しかし子はある兵士によって救出され、母親も周りの者たちに引きとめられた。助けられた子は軍の総司令官に手渡され、総司令官は自分の妻にわが子として育てるように委ねたという。ここでは社会的なタブーであるはずのジョローナが、階級的にはエリート地主に属する家父長的な男性の介入によって「子殺し」が回避され、ジョローナ自身の生成が阻まれる。この意味で、この物語では「家父長的な社会関係のアレゴリー」が成立しており、それによって「家父長制は維持され、秩序は回復される」ことになる（ハイデンライク）。この挿話が封建的な社会構造に基づく体制防衛を背景としていることは説明するまでもないが、一方ではジョローナという存在の転覆的な機能を顕在化させてもいる事実は強調しておきたい。つまり彼女は「子を殺す」行為においてはじめて「ジョローナ」たり得るのであり、家庭内再生産を否定する女性は家父長的な体制にとって、つねに恐怖や不安をもたらす「他者」にほかならないということである。

ジョローナは現代においても生き延びている。学術研究のテーマや文学、美術、音楽、映画等の芸術作品において、繰り返し用いられるモチーフのひとつがジョローナである。それだけではなく、日常的な会話や説話のなかにも登場するモチーフとして、広くグレーター・メキシコにおいてはつねに参照される女性であるといってよい。たとえば十九世紀に作曲された同名の歌謡は、今日でも愛唱されるメキシコ名曲集のひとつだが、最近（二〇〇三年）もフリーダ・カーロを描いたハリウッド版の伝記映画で使用され、名歌手チャベーラ・バルガス本人が登場して歌っていたのは記憶に新しい。あるいは、チカーノたちの日常生活を子どもの視点から描く絵本作家として著名なカルメン・ロマス・ガルサは、聖母グワダルーペ信仰や結婚式、ダンス・パーティーのようなごく身近なテーマにならんで、ジョローナに関する作品を加えている。添えられたテキストの前半で、子どもの死が「餓死」を見かねてとされているのは児童向けの絵本のためかもしれないが、その後半は現代に生きるジョローナの姿をよく伝えているだろう。

わたしたちの家のある道路の反対側には荒れ地があり、クモやヘビや何だか分からないけどいろんなものがたくさんいる。両親はいつもわたしたちに言っていた、「あそこへ行ったら、ジョローナにつかまってしまうよ」。わたしの頭のなかで、道路はジョローナが子どもたちをおぼれさせた河に変わっていった。子どもたちは川面に浮び、ジョローナがそこで、かれらに追いつこうとしていた。(1)

子どもの想像力を媒介としたロマス・ガルサのジョローナ像には、歴史的に造型されてきた彼女のイメージよりも、そこに身近な存在としての親しみとでも呼ぶべき感情が入りこんでいるのが推察できる。そして、これまで示唆してきたことでもあるが、この女性を恐怖や蔑視の歴史的な対象としてではなく、自分たちの愛すべき同時代者として認識させるようになったのは、二十世紀末からのジョローナをめぐるさまざまな議論においてであった。すなわちそこでは、自分たちを征服という婚姻によって、さらに後には国境という国家による分断によって生まれ、ジョローナの孤児として生きるチカーノが想像され始めたのである。とりわけ女性であるチカーナたちは、彼女を「男に棄てられた不幸な女」という悲劇のヒロインとして定義する家父長的な解釈の伝統を拒絶し、ジェンダー／セクシュアリティや権力関係が複雑に交錯する身体として、生けるジョローナを再想像するように要求した。ジョローナの復権とも名づけるべきこの集合的な企ては、チカーナ文学、哲学の重要な担い手たちによって強く支持され、そこから多彩なジョローナ論が現われてゆくことになる。これからその代表的な論考を見てゆきたいが、それによって現在のジョローナ論の内容と射程、そしてそれがチカーナたちの霊的な思想にフィードバックされる過程を検討することにしたい。

アンサルドゥーアのジョローナ論は、基本的にメキシコの守護聖女である聖母グワダルーペ、そしてマリンチェとから構成される三角構造をもつ。ジョローナを論ずる章のタイトル「蛇のなかへ入ること」が示す通り、この章は既成宗教（特にキリスト教）が忌避、排除する霊的な世界の認識、了解がテーマ全体の基本をなしており、そこで「蛇」という非キリスト教的な宗教的シンボルの配置を通じて、物理的な現実とは異なる霊的な現実をめぐる知が構想されている。「蛇」とはアンサルドゥーアにとって、少女時代から親和力をもった「わたしのトノ」（mi tono）であり、動物の姿をした自己の片割れに等しい。そして大地がとぐろを巻いた「蛇」であるならば、彼女は長い時間をかけて「蛇」のなかへ参入し、自己には身体がある、自己とは身体であることを受容し、動物の身体、動物の魂を同化することができたのであった。それはまた、暗い性的衝動を表わすシンボルとしても了解される。聖母グワダルーペのインディオ名はコアトラロペウであるが、征服とその後の植民地化及びキリスト教化は、前者から蛇／セクシュアリティとしてのコアトラロペウの存在を消去する歴史でもあった。

そのうえでチカーノたちがもつ三人の母親として、われわれを放棄しない処女の母親であるグワダルーペ、われわれが放棄してきた犯された母親マリンチェ、そしてジョローナは両者を組み合わせた存在としてまず定義される。異なる人種、宗教、言語の民衆を結合する媒介者としてのグワダルーペは、エスニック・アイデンティティと曖昧さへの寛容のシンボルでもあるにもかかわらず、だからこそカトリック教会は制度化された抑圧を割りふるために彼女を利用し、それによって女性にたいする処女／娼婦の二項対立を奨励した。しかし、とアンサルドゥーアはいう、多数のチカーノたちとおなじように、彼女の家族が実践していたのは公認のローマン・カトリック教ではなく、多くの異教的要素をもつ民衆カトリック教であった。それゆえにキリスト教の聖人を装って、グワダルーペを含む古来の霊的実在とその超自然的力の崇拝を実践してきたのであり、同様にしてジョローナ解釈も独自に読みかえられる。ここでアンサルドゥーアは、テキサス最南部に位置する生地ハーギルでの記憶を喚起し、土地のメキシコ人たちの間で、夜更けに無人の教会に白い服をまとった女が現われ、窓からのぞいていたとの伝説を語り始める。女は悪い行ないをなした者、恐怖する者たちを追いかけたという。「ラ・ヒラ」と呼ばれ怖れられたこの女性こそ、ジョローナ自身であり、アンサルドゥーアにとって、それはシウワコアトルという名の「蛇女」、または大地、戦争、誕生を司る古代アステカの女神であり、産婆の守護聖人、つまりはジョローナの先祖であった。そしてジョローナのように夜半に泣き叫び、気がふれたように喚き、また予知能力さえもっていた。

当時のアンサルドゥーアは、アングロ（ラティーノにたいし、主にヨーロッパ系白人を指す呼称）が多数の学校で教えられるままに、こうした迷信を嘲笑していたに過ぎなかったが、今ではそうした物語が「家族のメンバー、特に娘を「彷徨する」ことから「保護する」文化の企てだったのではないか」と回想する。重要なことは、西洋文化が「客観的」であろうとするあまりに分離してきた、霊や魂などの霊的な世界を親密なものとして受容し、霊と身体との合一を回復することであるとアンサルドゥーアは悟る。彼女の主著のタイトルでもある「ボーダーランズ」は、異なる複数の主体が共生する政治的な、あるいは理念的なハイブリディティとして誤って理解される例が少なくない。しかし魂の現前、霊の現前を信じ、「わたしの日々の行為へ、「異界」との不断の遭遇へ意味を与える」霊的なものとの交流もまた、ボーダーランズ思想を構成する重要な核であることをアンサルドゥーアは力説している。彼女の霊的な思想については体系的に細かく説明されているわけではなく、韜晦とも異質なむずかしさをたたえた部分も少なくないが、教義や理論の問題ではなく、何よりもそれは実践の思考であることを知るべきだろう。そしてまた彼女はチカーノ／メヒカーノとともに、ネイティヴ・アメリカンの霊的信仰にも深く傾倒しているが、これらの霊性が広く根ざした米国南西部を中心とする国境地域一帯こそは、霊的な知を育成する大地として、アンサルドゥーアの霊的な思想がもつ真の政治性を認識する基盤である。

わたしの仲間たちが超自然的な世界をどのように利用しようとも、白人たちがその存在をかたくなに否定してやまない霊の世界は、実際に存在するのだ。まさにこの瞬間、わたしはこの部屋のなかに先祖たちの霊がいることを感受する。そしてヒラとはシウワコアトル、「蛇女」であり、彼女はジョローナ、「夜の娘」、自分自身の失った部分を探しもとめて未知なるものの暗い領域を旅してゆく。かつてヒラがわたしを追ってきたのを思い出す、彼女の無気味な嘆きを思い出す、わたしは考えたい、彼女はなくした子どもたち、チカーノ／メヒカーノのために泣いていたのだと。(2)

カリフォルニア大学ロサンジェルス校の専任教員でもあるアリシア・ガスパール・デ・アルバは、詩や小説も書く多才な文学者で、現在最も精力的なチカーナ作家といってもよいだろう。多数の詩とエッセイから編まれた詩集『ロングフェロー橋のジョローナ』(3)は、書名が表わすように、棄てた子らをもとめて彷徨するジョローナに自分自身を仮託し、北部への旅から東へ西へと米国各地を移動して生きてきた過去を時間軸に沿って省察する、トラヴェローグのような様式で構成されている。「ジョローナをたどって」と題された序文で、ガスパール・デ・アルバは旅の軌跡をたどりつつのべている、「ボーダーからこれらの場所のひとつひとつまで、わたしは一本の橋を架けてきた、そしてそれぞれの橋で、ジョローナに会っている。彼女はいたるところへ、わたしと一緒に動いた」。すなわち、「わたしにとって、ジョローナとはボーダーである。彼女はボーダーの声、魂、嘆きである。彼女はわたしの母である」とガスパール・デ・アルバが書くのは、まさしく彼女が国境地帯に生まれ育ち、そこが「あらゆる出発の原点」であるからだけではない。そこには米国社会そのものを複雑にボーダー化された圏域として想像し、そのなかで生きられるチカーナとしての経験と想像力を理解しなくてはならない。

おなじ序文のなかで、現実の国境地帯で起こる奇妙な出来事のひとつを彼女は語っている。地元の新聞に掲載された記事によると、八十八歳になる女性が腹部の不調を訴えて入院し、X線写真で調べたところ、妊娠六ヶ月程度の胎児の存在が確認された。彼女は五十年以上前に妊娠したことはあるが、医師団は胎児は出産されないままミイラ化していると発表した。そしてガスパール・デ・アルバは、死後保存された胎児というこの隠喩こそ、白人による主流文学のなかのチカーナ文学の位置を示すよい類似だという。それは「〝いわゆる〟コミュニティ内部で固くなり、チカーナ／チカーノ文化の腹部で持ち運ばれたが、けっして外部世界には露出しなかった文学」であった。しかしもはや、それはたんなる「隠喩」ではなくなり、チカーナ作家が「われわれ自身の子宮で持ち運ぶもの」に変容した。こうして保存された胎児こそがボーダーであり、これがジョローナのいる風景なのだと彼女は主張する。物理的な現実として概念化される境界ではなく、個人の意識や思考の内部で、想像され夢見られる胎児のうごめきのようなスピリチュアルなボーダー。ここでガスパール・デ・アルバは突然、同様の生の動きを語るテキストとして、リュス・イリガライの一節を滑りこませる、

光が少しわたしのなかへ入ってくる。内側にあるものが動き出す。かすかに。新しい何かがわたしを揺さぶった。わたしが内部で最初の一歩を踏み出したかのように。ひと息の空気が固くなった全体へ入りこみ、その塊をほぐしてしまったかのように。長い眠りからわたしを目覚めさせる。とても古い夢から。けっしてわたしのものではなかったけれど、わたしがそのなかに捕われていた夢想。わたしはひとりの登場人物だったのか、それとも夢そのもの?、ある男性（女性）の夢なのか?(4)

イリガライの語るこの瞬間は、アンサルドゥーアの語る「蛇」の運動ともガスパール・デ・ア

ルバが想像する「胎児」の保存とも相似するし、異なっているともいえるかもしれない。ガスパール・デ・アルバがイリガライのテキストへ、未知なる事物が発生する「契機」のような、あるいは合一体験をのべるような神秘性を直観したのにたいし、アンサルドゥーアの霊的な思想には歴史社会的な文脈をもつ意識の覚醒が丹念に書きこまれている。しかし、霊的な知が彼女たちを魅了し、霊と「世界」とのボーダーへと引き寄せる力学の言説性において、そこにはまぎれもなく抗いがたい想像力の系譜が潜在している。この事実にうながされて、霊的な身体として無限に増殖するジョローナの主題のもと、これらの言説が連帯する正当な権利が共有されるだろう。

2

物語の舞台はボーダー。メキシコ側の村で父や六人の兄弟たちと暮していた娘クレオフィラスは、「国境の向こう側」(al otro lado de la frontera) に住むフワン・ペドロと結婚する。夫は「向こう側」で、ビールまたはタイヤの会社で働いていると言われていたが、詳しいことは知らなかった。別れの喧噪のなかで「わしは父親だ、おまえを見捨てたりせんぞ」と言いふくめる老いた父をのこし、そして「国境の向こう側」での今までとは異なる、もっと豊かな生活を夢見ながら、故郷の村で結婚式をあげたクレオフィラスは、生れてはじめて国境を越えて嫁いでいった。両隣に「孤独」(Soledad) そして「苦しみ」(Dolores) という名の婦人たちが暮す小さな村、テレビすらない貧しい家、毎晩村の酒場に通いつめる夫との暮しは平凡ではあったが、そうした退屈と不満を癒すのがメキシコ時代から親しんできた雑誌の写真小説(フォトノベーラ)であり、近所の家で見せてもらうテレビの連続ドラマ(テレノベーラ)であった。メディアのふりまく夢と幻想は、労働者階級に属する女性としてのクレオフィラスの人生の意識と欲望を形づくっていた。

はじめてクレオフィラスが夫の運転するトラックに乗って家の近くにかかる橋を渡ったとき、その小川がジョローナという名前であるのを聞かされて彼女は笑う。新しい土地、米国での幸福な生活を信じきっていたクレオフィラスにとって、ジョローナという名前はこの美しい小川には似つかわしくなかった。女が「怒りから、それとも苦しみから」泣いたのかは知らなかったが、それは土地の者がその名の由来も知らず、都市サン・アントニオへの往復に使うために渡る、家の後ろ側を流れる小川にすぎなかった。

やがてふたりの間には子も生れたが、しかしクレオフィラスの夢見た「幸福」は長くはつづかなかった。フワン・ペドロは彼女に向かって暴力をふるい始め、ふたり目の子を宿す頃にはそれはさらに激しくなり、彼女は実家に帰ることも考え始める。だが家族の反応や隣人たちの陰口を考えると、実際にはそれもあり得ないことであった。こうして心を許して相談できる者もなく、クレオフィラスは幼い子とふたりきりだったとき、ジョローナの声を聞いてしまう。

ジョローナが彼女を呼んでいる。彼女にははっきり分かった。クレオフィラスは赤ん坊をくるんだ毛布をドナルドダックと一緒に草の上に置いた。耳をすます。昼の空が夜になる。赤ん坊が草をむしりとって笑う。彼女は考えた、こんなに静まりかえっているのに、ひとりの女を木々の下で待ちかまえる暗闇へ駆り立てることなどできるのだろうか。(5)

クレオフィラスがお腹の子の診察のために訪れた病院で、ひとりの女性医師が超音波で診察しようとしたとき、彼女が突然泣き始め、全身に黒や青の痣をのこした妊婦に気づくと、友人の女性にこの件を相談する。医師は彼女が「国境の向こう側」から来た花嫁のひとりであること、夫から暴力をふるわれていること、英語も話せなければメキシコの実家と連絡もとらせてくれないこと、だから夫が仕事の間に彼女をサン・アントニオのグレイハウンドのターミナルまで連れてゆく必要があり、友人に手を貸してほしいと依頼する。フェリーチェという名のその友人に医師はいう、「わたしたちが助けなければ、ほかに誰がするの」。

夫が不意に帰ってくるのではないかとおびえながら待っていたクレオフィラスのもとへ、小型トラックに乗ったフェリーチェがやって来た。ただちに車は出発したが、ジョローナの小川を渡るとき、いきなりフェリーチェは「マリアッチの声にも負けないほどおおきな叫び声」を上げた。

素敵でしょ。ふたりとも怖がらせちゃったかな。ゴメンナサイ。さきに言っておけばよかったね。あの橋を渡る時はいつもこうするの。名前のせいよ、ホラ、大声デ叫ブ女。ジョローナね。またはグリトーナかな。だから叫ぶわけ。彼女は英語まじりのスペイン語でそう言うと笑った。フェリーチェはつづけた、この辺は女性の地名がないのに気づいたことってない？　ホントニ。聖母以外はね。聖母でないとだめなのよ。きっとあなたがヴァージンでありさえしたら有名になっていたかも。彼女はふたたび笑っていた。

だからわたし、この小川の名前が好き。ターザンみたいに叫びたくなるんだもの。

結婚したこともなく、自分で車を選んで月賦で買い、乗り回すフェリーチェに、クレオフィラスは「いままで会ったことのあるどの女性」ともちがう女性を知る。メキシコの父や兄弟たちに再会したとき、彼女は言うことだろう、「思ってもみなかった。きっと苦しみか怒りなのかもしれない、でもフェリーチェがあげたような叫び声とはちがう。ターザンみたいに叫びたくなるんだもの、あのひとはそう言ったの」。

この物語、「ジョローナの小川」はチカーナ作家サンドラ・シスネーロスによる短い作品であるが、作者の知名度も加わって、ジョローナに関するフィクションとしては最もよく知られたテキストといってよいだろう。ソニア・サルディバル＝ハルはこの作品について、「ボーダーのフェミニズム、ある政治的意識をもつフェミニズム」という視角から論じ、テキストに現われた「性的なもの、人種的なもの、地政学的なもの」を立ち入って考察している。[6] 抽象を越えて実践へと移行する政治的な位置としての「民衆的フェミニズム」（popular feminism）を根拠としつつ、彼女はこのテキストがシスネーロスによる民衆的フェミニズムへの関与の帰結であると指摘する。家庭に限定されたクレオフィラスのような「労働者階級そしてサブプロレタリアートの女性たち」は、たとえばフェリーチェのような「フェミニズム」的な影響圏からは抹消され、その結果孤立してしまうのはなぜか。テキストでは、フォトノベーラ、テレノベーラといったマスメディア、そしてまさしくジョローナという民衆的人物における女性の男性的構築が相乗したイデオロギー操作を通じて、これらの女性たちの従属性は発生しているとサルディバル＝ハルはいう。そこから要請されるのは、ジョローナ伝承という伝統的な説話が体現する、「男性の支配及び女性の従属と反逆」としての物語を、「たがいに連帯し、力なき嘆きを男性支配にたいする抵抗の叫びに変える、強い女たちの物語」へと変容することに他ならない。

しかし、サルディバル＝ハルの解釈にはいくつかの根本的な疑問を抱くことができる。まず第一に彼女はメキシコにおいて、教育のない、労働者階級の貧しい女性たちを標的にして、さまざまな大衆文化が「女性の意識、そして彼女たちの限定された世界の知を形成する」事実を、具体的にフォトノベーラの実例を引いて検討している。実際シスネーロスのテキストにおいても、これらの女性たちが愛好するメディアが実名をつけて表示され、クレオフィラスの貧しいメキシコ人女性としての、「結婚と子ども」を究極の幸福とする主体化に強い影響力を及ぼす過程がいくつかの挿話から反復的に描写されている。だがこうした俗悪な大衆文化が標的とする女性たちの意識を決定してしまうと批判するとき、彼女たちはそれらの文化商品をまさしくそのように消費、受容しているのだろうか。かりにサルディィバル＝ハルの指摘が正しいとしても、彼女たちの意識や世界観を決定する他の要因はないのかとの疑問は可能だろう。第二に、DVにはまりこんだ（おそらくは）「非合法」移民労働者の妻／母を救済する主体が、独身、収入、行動力という「アメリカン・フェミニズム」からぬけ出してきたようなフェリーチェであるとの設定の違和感がある。シスネーロスの小説には散見できる人物造型でもあるフェリーチェという存在が、あたかも貧しいメキシコ人女性を救うヒロインのように見えてしまう構図が与えるとっぴな奇妙さ。そして第三に、おそらくこれが最も重大な疑問になるが、シスネーロスのテキストで、ジョローナは霊的な存在としてどのように機能しているのか。子を殺さなかったクレオフィラスは、「ターザンみたいに」叫び声を上げる颯爽としたフェリーチェに救出され、それによってジョローナを「強さをもった女性」に変容するのだとサルディィバル＝ハルは強調するが、しかし彼女を救うのは収入と自動車をもち、「他者」への配慮をもつことができる人間でもあるからだろう。そこでは伝承の女性が歴史社会的に体現しているはずの、そしてアンサルドゥーアやガスパール・デ・アルバが親密に召喚する、ジョローナのスピリチュアリティは巧妙に希薄化され、社会経済的なシステムからもジェンダー関係からも周縁化されたメキシコ人女性と、そうではないラティーナらしきアメリカ人女性との絶対的な関係が映し出されるばかりである。

作者サンドラ・シスネーロスは、米国の大手出版社から新作を発表することのできる、特権的な地位を占めるチカーナ作家のひとりである。ストーリー展開のうまさや練り上げられた会話のセンス、過剰なレトリックのない簡潔で詩的な文体によって、ラティーノやチカーノという枠を越えて、異例ともいえるいくつかのベストセラーがこの作家にもたらされてきた。この意味ではアメリカ文学の主流におさまった人気作家というべきかもしれないが、それだけに彼女の属するコミュニティからの批判や疑問も少なくはない。なかでも最も痛烈な批判は、それらの物語に顕著に現われている「上昇志向性」ともいうべきイデオロギーだろう。既存のヘゲモニー構造をいったん認めてしまったうえで、そこから個人の努力や他者の援助、救済によって構築されるシスネーロスの物語世界は、たしかにマイノリティだけではなく、広く主流文化の読者層からも理解され、受け容れられやすい。だがクレオフィラスとフェリーチェとの関係が象徴するように、スピリチュアルな事象を切り離して意識的に回避する時のシスネーロスの文学は、だからこそ能動的に「女性の意識」から自己自身を遠ざける隘路に陥っているのかもしれない。

「ジョローナはセクシュアリティとは無関係に、あらゆるメキシコ人女性の物語である。彼女はわたしたちみんなのシスターだ」と書くのは、詩人、劇作家のチェリーエ・モラーガである。(7) 彼女のエッセイ「満たされない女を探して」は、それ自体がすぐれたジョローナ論ともなっており、この引用にあるように、モラーガは強い連帯感を率直に表明している。(8) しかし彼女は一般に流布する「公式ヴァージョンは嘘だ」と言明する。「自分たちを見捨てる男のために子どもを殺したりするものか」とモラーガは言いきり、エウリピデス以降のさまざまなジョローナ表象や解釈を否定する。かりに背信が理由であるなら、それは「わたしたちの性の奴隷化と歪曲」という意味での「女性蔑視全体にたいする報復」であるとまず分析する。また、助産婦をしており、ゆえに母性本能について親しい立場にある友人の女性の発言を引いて、「子殺しは殺人ではない、自殺だ」とし、なぜなら「母親は完全に子どもと別れきることはない」からだとする見解へも、では「もともとわれわれ自身が殺しつづけている」のはどういうことかと問い返す。

こうしてわき起る問いのなかから、モラーガはアンサルドゥーアとは異なる様態による、ジョローナの三つのモデルを提起する。最初は新しい芝居の構想を練るためにリサーチをつづけていたとき、アステカ創世神話のなかに「餓えた女」という物語を発見し、それがジョローナの強さを開け放つ出発点となる。この物語では、霊たちが住んでいた場所で、かつてひとりの女がいて、つねに食物をもとめて泣いていた。彼女は全身のいたるところに口があり、そのため餓えを満たすことができなかった。そこで霊たちは彼女のからだの各部に草や花、森や泉などの自然を造り、彼女を満足させようとした。しかし女は以前と変わることなく、口はいたるところにあり、開いたりうめいたりしつづけた。風の吹く夜になれば、彼女が食物をもとめて泣いているのが聞えるだろう……。モラーガは「前資本主義、前植民地期、前カトリック期の神話」に記入されたこの女こそがオリジナルのジョローナであり、彼女は子どもではなく、「おそらく食物、滋養をもとめて泣いているのだ」と解釈する。「餓えた女」こそは「自己の生の半分が生得の事実ではないのを忘れることを拒んだため、娼婦／魔女／レズ／変態と呼ばれるあのメキシコ人女性の物語である」。

モラーガにもうひとつの示唆を与えたメキシコ神話として、「ウィツィロポチリの誕生」がある。アステカの月の女神コヨルサウキは母コアトリクエが妊娠したのを知ると、戦いの神であり、フェミニストの解釈では権力すなわち家父長制の誕生を意味するウィツィロポチリの出生を阻むため、彼女は母を殺そうとする。しかし企ては失敗し、逆に彼女は弟に殺され、からだを切断されてしまう。モラーガによれば、この神話がメキシコ人女性にたいしてもつ文化的な意味とは、「家父長制の外部でわれわれによって定義されるのは誰かを表明する母＝女性は存在しない」事実であるという。自分たちには定義を実行する力はいつもなかったのだ。だからジョローナのように、彼女たちがさまよいつづけるのは、死んだ子どもではなく、「わたしたちの失われた自己、わたしたちの失われたセクシュアリティ、わたしたちの失われたスピリチュアリティ、わたしたちの失われたサビドゥリーア（叡智）を探すため」なのである。

歴史的に了解された普遍的なジョローナ像を、「餓えた女」、「切断されたコヨルサウキ」というふたつのモデルと節合することによって、モラーガは母親＝母性なる本質主義や公認のセクシュアリティの神話を解体しようとする。彼女が企てているのは、レズビアンそして非白人女性（women of color）として、社会や文化の錯綜する構造のなかから再想像されるジョローナたちの物語の復権である。「ジョローナが子どもたちを殺すとき、彼女が殺しているのはわたしたちから女性性をかすめとる、男性によって定義されたメキシコ人の母親性である」とモラーガが書くとき、ジョローナの「子殺し」はもはやジェンダー化された愛憎劇や家族関係の葛藤の舞台を終焉させ、メヒカーナ／チカーナの未来を開く新たな生存の倫理として立ち現われてくることだろう。そしてこのとき、子を殺したのはそれがジョローナ自身であったからである。

ジョローナ伝承がグレーター・メキシコで、これほど多くの思考や関心を引き寄せつづけてきたのは、彼女とその行為が自分たちの隠された文化アイデンティティを映し出す鏡となるからだろう。しかしながらジョローナは、とりわけチカーナたちにとっては知の再編成をうながしてきたが、彼女たちのシンボルというだけではない。ネイティヴの宗教、カトリック教、民衆信仰、福音教会派等を横断する「ボーダーランズの宗教」という概念を構想し、まさに宗教性と政治性が不可分に交差し、折衝する帯域におけるスピリチュアリティの再構築を論じる宗教学者レオンの研究は、ジョローナ論に新たな地平を導入する刺戟的な考察に満ちている。(9) かれは歴史的かつトランスナショナルに動員されてきたジョローナ伝承を、デリダの「記憶における所有」に導かれて、「集合的記憶の所有」と認識する。場所によって引き起され、身体によって演じられる記憶は、同時にボーダーランズの諸スピリチュアリティを束ねる結節点でもある。それゆえに「ジョローナの子どもたち」はその文化的かつ心的に与えられた死にもかかわらず、メキシコ系アメリカ人が占める場所にとりついている。そしてメキシコ系アメリカ人、とりわけ非合法移民は米国社会の見えない者たちの間に存在する。この意味で見える者たちの領域には存在できないとすれば、かれらは見えない者たち、または記憶のなかにこそとりついているのである。

グローバル化時代のトランスナショナルな「移民」たちと、時空間的な文脈における「ローカル」なコミュニティの連関する霊的な知の現前に照準をあてつつ、レオンはさまざまな宗教の信仰や実践が、「日常生活の危機を巧みに処理する創造的でしばしば有効な手段」として、「変形され、提起され、見出され」る現実を検証する。それによって権力構造の周縁にある者たちが抱える「不安、混乱、苦痛、激情」を鎮める知のテクノロジーが、この者たちに付与されることになる。

それはフーコーのいう、身体化の技法による「主体の変容」を想起させるにちがいない。一方でアンサルドゥーアの「メスティーサの意識」論におおきく力点を置くレオンは、ロサンジェルス在住の民衆宗教のヒーラーたちを論じるなかで、この理論の中心にある「曖昧さへの寛容、矛盾への寛容」を、ヒーラーたちが提唱する「気分を楽にして」(ser tranquila) という「良心への働きかけ」になぞらえている。この意識こそが、レオンによれば、「(メタ) 物理的、地政学的、象徴的な境界侵犯という、越境への原動力」になるのだ。そしてヒーラーたちにとって、「真理のプラグマティクス」としての「矛盾への寛容」のみが、世界に善を生み出すようにはたらくのである。

とはいえこの現実を支え、そこからあぶり出されてくるのは、「マルチカルチュラル」を誇る米国社会にあって「見えない」チカーノたちである。すでに第二次大戦以前のロサンジェルスで、非合法移民はメキシコ人のマジョリティを形成していたが、まもなくメキシコ人たちはそこに永住せざるを得ないことを悟る。その結果、メキシコとはもはや「地理上の」ではなく、「霊的な」母国として再想像される過程が始まってゆく。移民が政治的なアジェンダとして問題化される現在において、かれらは米国到着以前にさえ不可視の幽霊になるように強いられた非合法労働者であり、シスネーロスが周到に用いる「向こう側」で亡霊として生きるギャングの一群、あるいは不運にもバリオに暮す住民たちであり、ヨーロッパ・モデルの身体イメージに眩惑される合法的市民たちであり、そして政治や教育のプロジェクトから制度的に排除されるチカーノたちである。

こうしてレオンはいう、かれらこそ

一緒にあわせて、ジョローナの子どもたちであり、事実上、米国社会に殺された者たちである。だがにもかかわらず、かれらは増殖する者たちである。この意味で、スピリチュアリティ、特に祖先崇拝と霊との交通は、ボーダーランズ宗教の核心にある強い力となるのだ。

（1）Carmen Lomas Garza. *In My Family / En mi familia*. Children's Book Press, 1996.

（2）Gloria Anzaldúa. *Borderlands / La Frontera. The New Mestiza*. Aunt Lute Books, 1987.

（3）Alicia Gaspar de Alba. *La Llorona on the Longfellow Bridge*. Arte Público Press, 2003.

（4）Luce Irigaray. *Et l'une ne bouge pas sans l'autre*. Ed. de Minuit, 1979. 邦訳にあたっては注3所載の英訳及び邦訳（「二人で一人——母と娘」大野泰子訳、『早稲田文学』一九八三年十月号）を参考にした。

（5）Sandra Cisneros. *El arroyo de la Llorona y otros cuentos*. Traducido por Liliana Valenzuela. Random House, 1996. 英語版は以下の通り、Sandra Cisneros. *Woman Hollering Creek and Other Stories*. Random House, 1991. なお引用では英語をカタカナ表記にした。

（6）Sonia Saldívar-Hull. *Feminism on the Border. Chicana Gender Politics and Literature*. University of California Press, 2000.

（7）モラーガについては拙稿「彼女にはこの恐怖がある　名前がないということの」（本書所収）を参照。

（8）Cherríe L. Moraga. *Loving in the War Years*. South End Press, 2000.

（9）Luis D. León. *La Llorona's Children. Religion, Life, and Death in the U. S.–Mexican Borderlands*. University of California Press, 2004.

7　黒いスピリチュアリティ

アンジェラ・デイヴィスはジョージ・ヤンシーによるインタヴューのなかで、生い立ちからの思想的な形成を回顧しつつ、研究者そしてアクティヴィストとしての軌跡を興味深く省察している。そして子どもの頃、通っていた学校に隣接する小児病院に強く関心をもった経験に触れて、次のようにのべている。

デイヴィス　(…)わたしは他のひとを助けたかった、癒したいという深い願望に動かされました。わたしはその使命を棄ててしまったとは思っていません。それを実行する別の方法を見つけたからです。

ヤンシー　そこで、ヒーリングというテーマがいまだに意味をもつと。

デイヴィス　そうです。たとえば反人種差別運動というのは、きわめて社会的なヒーリングをめぐる問題なのです。教育そして知の生産もまた、癒しの願望から生れうるものです。この文脈からは、わたしが十年以上にわたって、全国黒人女性保健プロジェクト（National Black Women's Health Project）とともに働いてきたことにも触れておきましょう。このようにして現在、わたしはヒーリングについて考え、それをめざして働くようになったわけです。(1)

このインタヴューにおけるデイヴィスには、「スピリチュアリティ」に関する発言は一切出てこないが、彼女が「癒し」（heal, healing）ということばを繰り返すとき、それが科学的な意味での「治療」だけを指すのではないのは明瞭である。彼女は言及されているプロジェクトの理念形成に協力する過程で、黒人女性の保健について、「身体的、心理的、感情的、スピリチュアルな」ものとして構想したとのべており、「癒し」とはたんに医療や行政サーヴィス、ボランティア活動から構成されるのではないことを慎重に指摘している。公共の医療活動にスピリチュアリティを導入しようという考え方自体は近年現われた顕著な傾向ではあるが、(2) むしろここでは、デイヴィスが「他者」の存在から「癒し」の問題を意識するようになった事実を強調しておきたい。だからこそ彼女の最近の思想営為において、政治的な戦略をふまえたうえで、黒人女性やアカデミズムというカテゴリーを越えて、非白人女性や労働者というより広汎な人種／エスニシティ、階級との共闘が企てられ、ひいてはアンサルドゥーアやモラーガらとの連帯が生れることにもなるからだ。
「スピリチュアル」という観念が個人の救済や「癒し」として了解されがちなこの地とは異なり、米国における、特にアフリカン・アメリカンの女性たちのなかで実践されてきたスピリチュアリティは、社会やコミュニティに関する運動と直接結び合って形成されてきた。この理由を歴史的な背景や文化的な差異から説明するのは容易なのかもしれないが、しかし重要であるのは、一見すると相反するようにも考えられるスピリチュアリティとポリティクスとが、なぜに強く連動されるのかを理解することだろう。そのうえでこそ、スピリチュアリティというものが彼女たちのコミュニティで果してきた役割を考え、さらには「霊」という思想そのものの輪郭を浮き上がらせることが可能となるにちがいない。

アカシャ・グロリア・ハルは一九八〇年前後から出現したアフリカン・アメリカン女性とスピリチュアリティとの緊密な関係について、自身の経験や著名人を含む多数のアーティストへのインタヴューを通じて、その背景や実践を多角的に考察している。(3) ハルはもともと、黒人女性研究の先駆となった実践的名著である『でもわたしたちには勇気のある者もいる　黒人女性研究』(一九八二年)をバーバラ・スミスらとともに編集したフェミニストで、黒人女性文学を専攻とする大学人でもあった(同書には研究テーマごとの参考文献リストやシラバスのサンプルまで掲載されている)。この書物ではスピリチュアリティに関する記述はほとんど存在しないにもかかわらず、そのように典型的に知的に形成された知識人がなぜスピリチュアリティに傾倒するようになったのか。ハルは伝統的に実践されてきたスピリチュアリティと区別するために、現在のそれを「ニュー・スピリチュアリティ」と名づけているが、それが勃興してきたのは一九八〇年頃であると繰り返しのべている。そして新しいスピリチュアリティは次のように、三つの相互連関する次元を合せもつとしている。

1　公民権運動及びフェミニズム運動の昂揚した政治的かつ社会的自覚。
2　キリスト教の祈禱や先祖崇敬のようなブラック・アメリカンの伝統と、水晶ワークやセルフ＝ヘルプ形而上学のようなニューエイジの様式を融合した、ひとつの霊的な意識。
3　トニ・モリスン、トニ・ケイド・バンバラ、アリス・ウォーカー(…)による文学――超自然的な題材を前景化する文学――の爆発によって代表されるような昂揚した創造性。

そしてハルはこの内実を、個人的な視点から、次のように要約してのべている。スピリチュアリティとは霊の領域、すなわち「存在するものすべてを生み支える、そして見えないままに浸透し、究極的に肯定的で、神聖であり、進化するエネルギー」ととる意識的な関係性を含みもつ。

今日の黒人女性がそれを表現する基盤を形成するのは、堅固な文化的根拠と伝統的なキリスト教信仰であると同時に、そこへ「ニューエイジ」と呼ばれるさまざまな要素を自由に取り入れている。たとえばタロット、チャクラ、心的な昂揚、数秘学、宇宙的連結に関する東洋哲学、等々。「ニューエイジ」は擬似宗教として、しばしば既成宗教から、そして一般的な認識から差別の対象とされてきたが、トニ・ケイド・バンバラによれば、この宗教がもつ「霊のテクノロジー」ゆえに、それは「万人の古来の知恵」の一部をなしており、さらには「霊的な波長合せのためのごく古くからのシステム」であるという。

「ニューエイジ」という運動自体に明確な定義があるわけではない以上、そこに雑多な思想や技法が混在しているのは明らかであるにしても、このようにして、その思考と実践の一部が彼女たちのスピリチュアルな意識に組みこまれている事実はきわめて示唆的である。

ニューエイジは一九六〇年代のカリフォルニアで台頭した運動であるだけに、表面的には特定の人種／エスニシティやジェンダーに関わる言説をもたない、むしろ暗黙のうちに白人中心の信仰実践であるように考えられてきた。だがまさにレーガンが大統領に就任する八〇年以降、公民権運動とフェミニズム運動とが退潮期に入り始める局面と平行して、スピリチュアリティがアフリカン・アメリカンの女性たちをとらえ、彼女たちの間へ浸透してゆくとハルは説明している。社会変革を志向するエネルギーが失われたと自覚され始めた時期に、変革のためのこのエネルギーは「より深いレヴェルで社会問題と取り組むための準備」として、スピリチュアリティを包摂するようになる。ここからニューエイジ的な技法と伝統的な宗教文化に根ざした実践や思想が折衷され、結果としてこの女性たちにライフスタイルや人生の指針をめぐって根本的な変化をもたらすことになったのである。この変化をもたらした重要な動機のひとつは、文学作品におけるスピリチュアルな言説の出現であり、彼女たちのテキストは「人種／フェミニズム／ポリティクスにまたがるリアリズムと霊的かつ超自然的な覚醒との融合」によって、空前の読者を獲得したとハルは指摘している。ちなみにトニ・ケイド・バンバラの『塩を食う人びと』は八〇年、アリス・ウォーカーの『カラーパープル』は八二年、すでにメディアで「黒魔術」の作家と呼ばれていたトニ・モリスンの『ビラヴド』は八七年に出版された作品である。ハルによれば、彼女たちのテキストは一般的に非政治的とみなされてきた霊性運動に「政治的な次元」を付与し、「集団によるより高い霊的な意識に莫大な貢献をなした」という。この文脈からは、ハルも言及しているように、アンサルドゥーアとモラーガの編集による『わたしの背中という名のこの橋』（初版八一年）も付け加えておくべきかもしれない。[4] 人種の異なる「他の女性たちの文化的経験」に眼を開かせたこのアンソロジーへ、序文を寄せているのがトニ・ケイド・バンバラである。

「スピリチュアリティ、霊の意識、ひとつの霊的な実践がわたしたちすべてを創造性に参入させてくれる」帰結としての文学作品の創造について、ハルのインタヴューの対象のひとりであるアリス・ウォーカーの例を考えてみたい。彼女はまず、「超自然的」という概念に疑問を投げかける。ウォーカーにとって、「あなたの回りにいるだれであれ、あなたのなかにいるだれであれ、霊に語りかけること、それはまったく自然なことです」と強調する。その一方で、たとえば『カラーパープル』の末尾にある「A.W., 作者そして霊媒」という署名が示唆するように、彼女の作品では霊を媒介する存在としての作家が容易に想像される。そこでは作品とは「チャネルされた創造であり、いいかえると彼女へ、そして彼女を通じて、あるより高い源泉から実際に口述されたもの」(ハル)という、いわば創造行為の秘義が啓示されるようにも見える。しかし、ウォーカーはいわゆるチャネラーや霊媒としての自己の役割を厳密に拒絶する。「わたしはチャネルではありません。チャネルもしません。わたしがするのはまったくのワークです」とのべ、署名に「霊媒」としるした理由を、「自分自身のからだを世界のある場所から別の場所へと移動することを含めて、ただ自分で準備を整えるうえで、わたしがする必要のあったワークをした時までに、かれら〔登場人物〕がわたしには完全にリアルだったからです。だからそれはかれらがわたしのところへやって来たようなもので、かれらが降りて来たというようなものではありませんでした」としている。ウォーカーはこれを彼女の霊的実践の根幹にある「愛」の思想から拡大して、「あらゆるひと、あらゆるものとひとつになること」と言いかえている。ハルはこの地点こそが「霊的な意識の核心」であり、すなわちそれは「あらゆる生ける存在との宇宙的な、愛する結合として、そして自然で無条件の、癒しの愛として、スピリチュアリティが横たわる中心」であるとまとめている。ウォーカーの主張するのは、創造性とはたしかにスピリチュアリティによって生成されうるものではあるが、そこでは創造者が霊の降臨を無意識に受容するのではなく、あくまでも「ワーク」を通じて、「他者」と合一することが重要であるということかもしれない。

ハルの書物のおおきなテーマのひとつが、さきにのべたスピリチュアルな実践とポリティクスとの相関的関係である。「スピリチュアルであるのは社会闘争へ参加する正統的な方法である」と言明するハルは、そのあとで、おびただしい仮定を付してこの論理を説明している。たとえばスピリチュアルであることが「最大の全体の一部である、より大きな自己とつながるために瞑想すること、そしてそれと一体であるのを見て、感じて、知ること」を意味するなら、あるいはそれが「セラピーへゆき、わたしたちが他者の苦痛と同一化し、癒すことができるように、わたしたち自身の苦痛を感じ、癒すこと」であるなら、というように。ここにはすでに、ニューエイジ思想において中心的な理念をなす「ひとつである／になること」(oneness) という意識が濃厚に入りこんでいるが、ハルによれば、このように実践する行為を通じて、わたしたちは政治的に活動することに等しくなるのであり(「権力や特権の不平等が作動している状況への介入」)、そこからスピリチュアリティを媒介として創造性への回路が開かれる。こうした三次元的スピリチュアリティ、すなわちポリティクス、スピリチュアリティ、創造性からなる結合は、個人や集団の変容にとって巨大な潜勢力をもちうるのである。

あるいはハルはこのようにも説明している。アフリカン・アメリカン女性のスピリチュアリティの定義や概念化は人種的抑圧及びその他の社会政治的な条件へと向かう。こうして形成されるスピリチュアリティは、一方では深く、秘教的かつ宇宙的であり、一方では身体や物質的世界に、と同時に人種やジェンダーの領域に根ざしてもいる。やはりインタヴューの対象である著名な詩人のソニア・サンチェスは、アフリカ大陸や三角奴隷交易を出自とする人々が地球のスピリチュアル化で果した役割を語りつつ、黒人女性の霊的な認識の社会性を以下の三点において指摘している。

第一に、アフリカン・アメリカンのスピリチュアリティはつねに人種的なアクティヴィズムに力を与えてきた。第二に、こうした霊的な意識は西洋思想に浸透する物質主義に挑むものであり、従ってつねに強固な現状維持によって抑圧されている。そして第三に、それは統一された意識と行動のためのもうひとつのツール、世界をわれわれみなが生きるためのよりよい場所にする手段である。このようにして「霊的な意識をもちながらアクティヴィストではない人々のスピリチュアリティ」はエネルギーの浪費であるとするサンチェスの政治的なアイデンティティ化は、抑圧された霊的な意識は個人的なスピリチュアリティの限界を構築してしまう現実と対をなす。なぜならスピリチュアリティへの「個人的なアプローチへの絶対的な依存は、人種差別を生み永続させるより大きなシステムそして制度上の要因」を排除してしまうからである。個人の救済や癒しが強調されるとき、つねに巨大な抑圧の装置がその背景に隠蔽されているとするのが彼女たちの認識である。

ハルの書物ではアーティストばかりではなく、ふたりの有名人とスピリチュアリティについても紹介されている。テレビのトークショーで絶大な人気を誇るオプラ・ウィンフリーは黒人女性でもあるが、その番組で「あなたの霊を忘れないで」というシリーズを開始させ、ニューエイジ・スピリチュアリティ関連の専門家をゲストに呼んで「スピリチュアリティ」ブームを再燃させたメディアのタレントである。もうひとりのヒラリー・クリントンは説明するまでもないが、夫のスキャンダルが発覚するまで、やはりこの宗教実践にたいしてきわめて共感的な言動を繰り返していたことでも知られている。これらの事例は、米国において商品化された、またはメディア化されたこの思想の現状や、一方ではそれが行使する広汎な威力をも表わしているのかもしれないが、わたしはここで、アフリカ系ではないものの、もうひとりの「有名人」を加えたいと思う。著書『死ぬ瞬間』が世界的なベストセラーを記録し、信奉者も後を絶たなかった精神科医、エリザベス・キューブラー・ロスのことである。

スイス生れのキューブラー・ロスは、第二次世界大戦時には身を挺して難民救済活動に当り、のちに医師への道を志してから米国へ移住、やがて終末期医療に目覚めて死の科学へと踏み出し、カリフォルニアへ移住して以降は体外離脱体験といった多くの神秘的な体験を経て、ヒーリング・センターを設立するなど、実に波瀾に富んだ生涯を送った。一方ではその手法や医療理念への批判や中傷も少なくなかっただけに率直な自己釈明も交えてはいるが、彼女の自叙伝にはそうした人生の出来事が詳細にしるされており、とりわけニューエイジ・スピリチュアリティに関連した記述は興味深く、とりあえずスピリチュアリティに興味のある人なら読んでおくべきテキストのひとつといってよいだろう。このなかで彼女はシカゴの病院に勤務し、「死とその過程」というセミナーを運営していた時期のある体験を語りつつ、彼女に向かって「死はわたしにとって、なじみ深いものなんです」と説く黒人女性について、次のように書いている。

それからまもなく、わたしはその清掃作業員を自分の第一助手として採用した。その助手は、ほかのだれにもまねができない細やかさで、わたしを助けてくれた。そのことだけでも、学ぶべき教訓になった。名のあるグル（導師）やババ（尊者）などいなくても、人は成長することができる。人生の師は子ども、末期患者、清掃作業員など、あらゆるかたちをとって目のまえにあらわれる。だれかを助けるということにかんするかぎり、世のいかなる学説も科学も、他者にたいしてこころをひらくことを恐れないひとりの人間の力にはかなわないのだ。(5)

この言説は、冒頭にしるしたアンジェラ・デイヴィスののべる「癒したいという深い願望」を想起させないだろうか。それは両者が、強度の差はあれ、「治療」の現場に携わる人間であったというだけではなく、「癒し」や「助け」をナイーヴに信仰する実践者であったことにも由来している。キューブラー・ロスが晩年にニューエイジにまで傾倒するようになる深奥には、このようなスピリチュアリティとの交わり方が存在したように思える。

既成宗教は、厳格な教義体系や緻密に構築された組織制度を通じて、スピリチュアリティをゆるぎない信のテクノロジーとして本質化してきた。これはテレサらスペインの神秘家たちが、最終的には教会システムの内部から逸脱できなかった歴史が端的に語っている。しかし、ハルの言説がニュー・スピリチュアリティへの献身的な信頼のなかから透かしているのは、スピリチュアリティとはその現実において、そうした厳密さ、体系性から離叛する実践なのではないかという疑いである。人種化され、政治化された黒人女性たちのスピリチュアリティは、したがって歴史社会的な抑圧の結果として胚胎したというよりも、むしろより大きな文脈のなかで、他者への「癒し」や「助け」の願望のなかから生成したように理解する必要がある。そしてニューエイジはたしかに歴史的に継承された「霊のテクノロジー」を包含するのかもしれないが、それを摂取、受容し、力としてアイデンティティ化したのはやはり政治的な意識とともにある黒人女性たちに他ならない。ここにそれらの願望をすべての根源に位置づけ、そしてジャキ・アレキサンダーが提起するように、「個人的なものを霊的なものとして」了解し、抑圧や差別に対抗する政治的な実践としての「癒しの労働」が現われてくるだろう。

ニューエイジに限りなく接近しながら、どこまでもそこから離れてゆこうとする彼女たちの黒いスピリチュアリティは、この場所でこそ自己や世界を「理解可能なもの」にすることができる。

（1）George Yancy. "Interview with Angela. Y. Davis." Naomi Zack (ed.). *Women of Color and Philosophy*. Blackwell, 2000.

（2）湯浅泰雄監修『スピリチュアリティの現在』（人文書院、二〇〇三年）を参照。「九〇年代からＷＨＯ（世界保健機構）の健康の定義にスピリチュアルという言葉を入れるという提案が出た」（湯浅）事実が同書のモチーフのひとつになっている。

（3）Akasha Gloria Hull. *Soul Talk. The New Spirituality of African American Women*. Inner Traditions, 2001.

（4）同書については拙稿「彼女にはこの恐怖がある　名前がないということの」（本書所収）を参照。

（5）エリザベス・キューブラー・ロス『人生は廻る輪のように』上野圭一訳、角川文庫、二〇〇三年。

8　ビラヴドを癒す

トニ・モリスンの小説『ビラヴド』（一九八七年）は、書名とおなじ名の女性をめぐって展開する物語である。(1) 奴隷の身分だったセサという名のヒロインは、四人の子どもを連れて逃亡奴隷の集団に加わるが、結局逃げきれずに奴隷所有者らの追跡隊に発見される。そのとき、セサは「二歳にもならなかった」赤ん坊の喉を「手引き鋸」でかき切り、殺した。その後セサは生存した子らを養っていた義母ベビー・サッグスの家へ引きとられるが、やがて義母も亡くなり息子ふたりは家から出てゆき、死んだ娘には「ビラヴド」と命名して墓も建て、娘デンヴァーとふたり、自由黒人たちのコミュニティの周縁にある家に住みひっそりと暮してゆく。そして旧知の男性ポールDが十八年ぶりに現われると時折幽霊の騒ぐ彼女らの家に住みつき、三人による穏やかな生活がつづく。その頃、「盛装した女が、水の中から上がって」近所の木に一昼夜もたれていた。三人は通りがかりに彼女を発見し、セサは彼女の名がビラヴドであることを知ると家へ連れて帰り、世話をやくようになる。セサに異常な関心をもつビラヴドは、ついにポールDをセサの家から追い出してしまい、こうして女三人だけの生活が始まってゆく。

物語の核心を構成する「子殺し」の挿話が、奴隷制時代に実在した女性マーガレット・ガーナーの身に起きた事件に基づく事実はよく知られている。[2] これは「奴隷物語」(slave narrative)として保存されてきた膨大なカテゴリーの一部をなす記録で、ここで「奴隷」とは、たんに米国の社会で所有物として法的に公認されていた人間ばかりではなく、作者モリスンが本書のエピグラフで「六千万有余の人々へ」(To Sixty Millions and More)としるしているように、米国へ到達せずに中間航路で亡くなった者たちも含んでいる。そしてここから、物語をたんにセサやビラヴドといった特定の女性たちをめぐって生成するテキストではなく、米国社会で/への途上で死せるすべての黒人奴隷を象徴する「喪失と哀悼」の言説として解釈する仕方が、まず普及してきたと考えることができる。ギルロイのいうように、一方に「欧-米の思考」、もう一方に「アフリカ人奴隷の考え方」という、「二つの、対立してはいるが相互依存もしている文化的かつイデオロギー的なシステム間の衝突と、これらのシステムに付随する理性や歴史、所有、親族関係といった観念」をのみこんだテキストが小説『ビラヴド』であるならば、読者がそこに「衝突」によって、しかも「所有」や「親族」の関係性が濃密に凝縮されたかたちで、この物語を理解するのは容易に想像できるからである。

しかし、本稿第6章のテーマである「ジョローナ」伝説から見ると、セサによる「子殺し」の挿話は、出来事の細部にこそ差異が認められるものの、あまりにもよく類似したストーリーであることは明白である（サルディバル＝ハルはメキシコ植民地時代に奴隷制が実在した事実から、両者の相似性を具体的に指摘している）。モリスン自身、ガーナーの実話に触れながら次のように説明している、「共同体と個人の諸問題は、私が想像したとおり、あの出来事のなかにたしかに内在していたということに気がつきました。あなたが共同体であり、あなた自身の子どもたちであり、そのことがあなた自身の個人性であるならば、そこには何の分離もありません。（…）マーガレット・ガーナーは、王女メディアがやったことはしませんでした[3]」。

モリスンの指摘はチカーナたちの提起した、「子殺し」を男性への復讐とする伝統的な説話解釈を転覆するジョローナ論のすぐ隣に位置づけられる。しかしさらに、殺した主体と客体が入れ替わってはいるが、ビラヴドが「水の中から」現われたという設定ばかりではなく、モリスンの小説で頻出する血やミルクといった「流体」のイメージにも、水と深い関係をもつジョローナとの近接した構造を指摘することができるだろう。デンヴァーは姉の血が飛び散った母の胸から、その乳をのむのであり、セサら「母子」三人がアイススケートに興じた後の親和的な情景で飲む熱い飲み物には、たっぷりと蜜がそそがれる。「子殺し」という伝承が長い歴史的背景をもつ以上、モリスンの物語には何ら曖昧な部分はないように見えるが、それを黒人たちに生きられた奴隷制の悲劇としてしまう解釈には、むしろ「喪失と哀悼」の物語としての『ビラヴド』を狭隘に限定された歴史的条件に閉じこめる危うさが感じられる。このテキストには、人種／エスニシティを越えたスピリチュアリティの真理がはらまれ、より豊かな文化ポリティクスの力と可能性をもつように考えられるからである。

『ビラヴド』に関しては、その主題や方法のみならず、歴史認識やユダヤ人のホロコーストと奴隷制との関係性などをめぐって、出版後二十年とは思えないほどおびただしい数の議論や文献が存在する。そのひとりドリス・ソマーは、現在のラテンアメリカ文学研究では最高水準にある学者でもあるが、このテキストについて重要な論考を書いている。(4)『ビラヴド』の三分の二ほど進んだところで、ポールDがセサに向かって、彼女と殺された子どもに起った事実を話すようにもとめる場面がある（「第一部」の最終節）。しかしテキストは事件後の経緯を語るセサによる長い独白を延々とつづけるばかりで、ポールDは「問いかけた疑問に対する答え」を得られず、一方でセサもまた、「迂回に迂回を重ねて」要点をはぐらかすだけであった。「わたしが洗いざらい話した後で（…〔ポールDの〕）「さようなら」っていう一言が、わたしを粉々にしちまうだろう」とかれの心中を推測するセサの空想でこの節は閉じられてしまうが、ソマーはこの箇所に着目して、なぜセサはポールDの審問にたいして、みずからの口で事件の真実を語ろうとはしないのかという問いを投げかける。ソマーの問いは、実は彼女がリゴベルタ・メンチュウの伝記をめぐって書いた論考と深く問題設定を共有している。メンチュウは自身も含めた彼女の家族や共同体について、インタヴュー形式で長時間にわたって詳細に語りつづけたあと、最後になって「わたしはインディヘナであることの秘密を洗いざらい話したわけではありません」とのべている。この、ある意味で挑発的な発言は、当然ながらメンチュウの伝記全体に関しておおきな議論を呼びおこし、その「証言」をめぐって根本的な疑問が提出されることにもなった。そこからソマーは、これらふたつのテキストで明示化されている沈黙の意味を問い、こう書いている、「メンチュウとモリスンは、語りと語られること、読者としての能力とわれわれの満足の間に溝を掘る」。

「歴史修正主義」論争やランズマンの映画までも召喚するソマーの議論を要領よく概観するのは困難ではあるが、この文脈で彼女はユダヤ人と黒人奴隷制におけるホロコーストの関係に触れ、そこで中世ユダヤ人による「子殺し」の伝承に言及している。ユダヤ教の戒律では殺人は禁じられているにもかかわらず、ポグロムの発生を眼にしたユダヤ人家族で、親が子どもをナイフで殺し、自分たちも自害した事例の存在を聖書注解の集成『ミドラーシュ』に知ることができる。これらの伝承の根源にある『創世記』において、父アブラハムは子イサクを神へ捧げものとして献呈し、焼尽するように命じられるが、イサクは死ぬわけではなくのちに妻もめとる一方で、ソマーによれば、『ミドラーシュ』ではイサクは殺されて灰となるものの、遺灰はモリヤ山にまかれてイサクは復活する。ここには回帰する子どもという、『ビラヴド』あるいは（一部の）ジョローナ伝説に共通する構造がみられるが、しかしソマーは問う、神と神が守ると約束した民との契約が崩壊した後で、ユダヤ人にとってどのような反応が可能であったのか。同様にして、中間航路を生きぬき、それに対応するアフリカン・アメリカンの幽霊譚の伝統にある、回帰する子どもたちという超自然的で現世離れした物語のほかに、子殺しにたいしてどのような反応が想像できるのか。そしてここから、「トラウマに能動的に反応する」システムとしてのアフリカ精霊信仰と西洋精神分析との類似性が生れ、しばしば議論の対象となってきた。しかし、現代におけるトラウマをありとあらゆる変調を記述する「受け皿」（ソマーによれば「がらくた入れ」catch-all）としてではなく、「歴史及び共同体においては、異なる民衆が受けるトラウマは相互認識の可能性をもつ「受け皿」でありうる」と彼女は考える。

ソマーのいうように、「『ビラヴド』は語りを越えたホロコーストを知っている」のであるなら、たしかにセサのポールDにたいする沈黙は、たんなる意識的なコミュニケーションの拒絶、混乱ではありえない。犠牲者にとって、沈黙とは孤独に苦痛や悲哀と向き合わざるを得ない「牢獄」であるとともに、他者の視線や感情から守られた「聖域」でもあるからだ。言語化できないホロコーストはホロコーストたりうるのかとの問いはなお残るにせよ、セサの発話行為は「それらをかき集め、彼女のストーリーを証言できる聴き手に投げられたせりふ」なのかもしれない。ソマーの議論のすぐれているのは、「証言」の内容だけに特化して、その規模や苦悩の深度を測定しようとするのではなく、まず「語り」の審級を問い、そのうえでかれ／彼女（ら）の心性や感情に入りこんで内容を識別する姿勢にある。こうして「証言」は新たな「癒し」の地平へと到達する、「（衝撃を再体験する、または軽蔑されるというリスクがあるにもかかわらず）語る生存者と、語るのが危険なストーリーのなかにある沈黙を聴くことのできる聴き手――双方の証人たちこそ、トラウマを受けた生命を価値あるものとし、癒す支えになることができる」。

「わたしはあなたにたいして愛する」（j'aime à toi / i love to you）行為の最初の身ぶりは沈黙である、リュス・イリガライによるこの洞察は以上の文脈からは啓示的であるにちがいない[5]。ここで「にたいして」（à / to）という前置詞が導入されているのは、「他者を客体／目的語としてではなく主体／主語として位置づける」（英語版訳者）イリガライの戦略的な企てに他ならない。「わたし」によって「あなた」が構築、支配され、他者を「わたしの所有物、わたしの対象」に変容させることなく、それは「ひとを客体に還元しないための場所」を作り出す「距離への敬意」であるとイリガライは説明している。この「にたいして」と同様の機能をもつ実践として、彼女は「に触れる」行為を強調している。コミュニケーションにおいて介入する「に触れる」は、やはり沈黙を要請する。他者を出現させるためには沈黙が必要なのである。「に触れる」とはこの意味で、「占有、所有、アイデンティティの喪失」とは逆に、他者への覚醒、そして共存、共同の行動、対話への呼びかけであり、それゆえにこの実践には「自然や霊、呼吸、感性、身体、発話」がある。イリガライの間主体的な差異の思考は、セサの「証言」における沈黙の意味ばかりではなく、のちに言及する『ビラヴド』の身体性をも了解させる啓示にみちているが、両者の根底にはスピリチュアリティと強くつながれた関係性が共有されている事実を理解したい。

ホロコーストの「語り」に焦点化したソマーの議論にスピリチュアリティや宗教的な次元への関心が希薄なのは理解できるとしても、そこには『ビラヴド』を理解するために決定的に語られるべき視点が消去されている。それがジェンダー／セクシュアリティであり、とりわけこの小説がもつ霊的な次元と不可分に生成されているセクシュアリティの言説は、きわめて重要な主題を構成している。たとえばテキストの比較的早い段階で、ベビー・サッグスの家を訪れたポールDはむかしから恋い焦がれていたセサとふたりで家の白い階段を上ってゆくとき、彼女が「自分のセックスを受け入れてくれることがいよいよ現実になるのだ」という欲望に陶然となる。しかしその欲望も家に住みついた幽霊たちに妨げられ、かれは見せしめに家の一部を破壊してしまう。義母の死や「先に逃がし」て生き別れた三人の子どもたちを語るセサの記憶に抗するようなセクシュアリティの露出が、ここでは幽霊のふるまいに呼応するように位置づけられている。だがそのセサもまた、亡きベビー・サッグスの記憶をたぐりよせるとき、義母の指の感触をよみがえら

せつつ、「ベビー・サッグスが遠い彼岸の世界から送ってくれる愛は、セサがこれまで知ってい
た、肌を合わせたどの愛にも劣らなかった」と感じる。そして生還したビラヴドと関係をもち、
あげくにセサの家から追い出されたポールDは確信する、「何だって？　一人前の男が小娘には
められたって？　だがその小娘がただの小娘でなく、何かが化けているのだとしたら？　かわい
らしい若い女の姿に化けた実は魑魅魍魎なのだから、彼女と交わるとか交わらないとかが問題な
のではなく、一二四番地で彼が望む場所に落ち着いたり移動したりすることができないのが、問
題なのだ」。

ポールDとビラヴドとの関係は、間にセサを配置すると、テキストにおける霊とセクシュアリ
ティとの関係性をくっきり浮き上がらせる。小説の終末近くで、ビラヴドが姿を消した後にセサ
の家に帰ってきたかれは、それをなまなましく認めることになる、「それは性交というより、生
きてこの世に留まろうとする、やみくもの衝動に近かった。あの娘がやってきてスカートを持
ち上げるたびに、生命への飢餓感がポールDを襲い、自分の肺を意志の力で支配することがで
きないように、この飢餓感を押し留めることができなかった」。その一方で、霊の欲望にからめ
とられた男のセクシュアリティは、以下のようなデンヴァーの独白と響き合うだろうか。「奴隷
女」としてのセクシュアリティをめぐるベビー・サッグスの訓戒を回想しながら、セサの娘は確
信する、「それでも相手が誰だって、自分たちの持ち主になった白人を喜ばすために、子供は産

めるだけ産まなきゃならないの。それでもよ、躰の深いところで愉しみを感じちゃいけないことになっていた。ばあちゃんはあたしに、そんなタワゴトに耳を貸すんじゃないよ、って教えてくれた。いつも自分の躰に耳をすまして、自分の躰を愛さなきゃいけないって」。「教会をもたない説教師」としてのベビー・サッグスは、この小説ではきわめて聡明な民衆治療師のような位置を占めているが、とりわけ「開拓地」(Clearing)における彼女の説教は、本稿でこれまで言及してきた聖人や背教者の一群に交わる至高性を帯びている。それはデンヴァーの回心の、そしてテキスト全体が霊とセクシュアリティの深く結びついた真理の審問として表出される、根源をなしている、「ここ、この場所では、わたしたちは生身の躰。泣き、笑う生身の躰。素足で草を踏んで踊る生身の躰。それをいつくしめ。強くいつくしめ。(…)あなたがたの手をいとおしめ! いとおしめ! 手を上げて、それに接吻するのだ。その手で他の人に触れるのだ。その手を合わせて叩いてごらん。その手であなたの顔を撫でるのだ。あの人々はその顔も愛しはしないのだから。アナタこそ、その顔を愛さなくてはならない。アナタこそが!」

こうしてテキストはその後半部に入り、殺された子ども、ビラヴドの「語り」を提出する。「あたしはビラヴド。あの女はあたしのもの」と始められる彼女自身の独白は、テキストのどの部分よりも詩的な神秘を放ち、そしてこの小説のスピリチュアルな言説性を一身にまとうかのようでもある。

あたしは一つになりたい　あの女《ひと》はあたしに囁く　あの女《ひと》はあたしに囁く　あたしはあの女《ひと》に手を伸ばす　噛んだり呑み込んだりしながらあの女《ひと》はあたしに触る　あの女《ひと》はあたしが一つになりたがってるのを知っている　あの女《ひと》はあたしを噛んで呑み込む　あたしはいなくなる　これであたしはあの女《ひと》の顔よ　あたしの顔はあたしから離れたの　あたしが泳いで去っていくのが見える　熱イモノ　あたしの足の裏が見える　あたしは独りぼっち　あたしはあたしたち二人が一人になった人間になりたいの　あたしは一つになりたいの

この言説が神秘主義の合一体験に近似するのは疑いようもないが、ではここで繰り返される「あの女《ひと》」とは誰なのか？「あたし」は冒頭では雲の上から眺め、そして「あの女《ひと》」のイヤリングにたびたび言及され、最後になって「セサの顔」が現われる記述からは、殺されたビラヴドが生きて知っていた「奴隷」としてのセサを幻視しているようにも見える。だからトラウマを抱えるビラヴドは、それを癒すために合一の瞬間をもとめて浮遊する。ビラヴドは癒されることができるのか？

「わたしたちのヒーリングはたくさんのかたちをとる」とグロリア・アンサルドゥーアはのべている、「自分たちのことを笑う、自分たち自身の愚かさ、自分たちの誇り、希望、愛によって見る能力がそれである」[6]。だからこそチカーナたちは「他者たちの方法を讃美し、書く行為とアクティヴィズムによって知と個人の力を共有し、わたしたちの（諸）文化に新しい方法、フェミニズムの方法、メスティーサの方法を注入し」つづけるのだ。モリスンの書くビラヴドの「語り」は、死によって隔てられたビラヴド／セサの「癒しと再生」の言説の核心にあるように配置されている。しかし、作者のいうようにそこへ「六千万有余」の奴隷たちの生命を想像することによって、霊／生者が親しく交わる空間を出現させることはできる。『ビラヴド』の歴史性が強い共同性をにじませつつ作動する地点であり、それを裏付けるように小説の最後で、衰弱したセサとビラヴドを救うために奔走するデンヴァーを知り、彼女たちの救援に乗り出すのはまさしく彼女たちを疎外してきたコミュニティの女性たちである。ここで演じられているのは、ふたたびイリガライにもどれば、「にたいして」の関係性を介しつつ、自身や相互の愛や敬意、提携の構築を企てること、そのなかで「肉は肉でありつづけたまま霊のものとなり、情動は愛でありつづけたまま霊となる」実践なのである。ビラヴドとして受肉した霊はこの「霊的な知」を通じて、世俗のコミュニティへ向かって開かれ、コミュニティは世俗のものから〈聖なるもの〉へ知の根拠を移動させ、そうして個人と共同体を相互に疎外してきたエピステーメーを内側から変容させるだろう。スピリチュアルを個人に拘留してはならない。いうまでもなく、それによってビラヴドが癒されるのかは分からない。いずれにしても、「癒しのかたち」はひとつではない以上は。

（1）トニ・モリスン『ビラヴド』（吉田廸子訳、集英社文庫、一九九八年）。以下の引用は同書による。

（2）ポール・ギルロイがこの実話について詳しく論じている。ギルロイ『ブラック・アトランティック』（上野俊哉・毛利嘉孝・鈴木慎一郎訳、月曜社、二〇〇六年）2章を参照。

（3）前掲書、6章の引用から。この章でギルロイは同書について奴隷物語全体の問題圏のなかから綿密に考察している。

（4）Doris Sommer. "*Beloved* knows Holocausts beyond telling." *Proceed with Caution, when Engaged by Minority Writing in the Americas*. Harvard University Press, 1999.

（5）Luce Irigaray. *i love to you*. Trans. by Alison Martin. Routledge, 1996.

（6）Gloria Anzaldúa. "Haciendo caras, una entrada." Gloria Anzaldúa (ed.). *Making Face, Making Soul*. Aunt Lute Books, 1990.

9　魂のピクニックを

スピリチュアリティの歴史において、それが神秘主義であれ「異端」の思想であれ、キリスト教のもつ巨大な役割を否定することはできないだろう。いうまでもなく文化及び実践としてのスピリチュアリティは世界中に存在するが、本稿で取りあげてきた女性たちがトランスアトランティックなキリスト教文化圏で成長してきた以上、いずれにしても彼女たちがキリスト教スピリチュアリティとの相関的な文脈のなかでその軌跡を残してきたのは明らかだからである。そこで、キリスト教スピリチュアリティにたち返って、この主題を考えなおしてみるのは有益であるかもしれない。たとえばこの領域で代表的な地位にあると思われるある研究者は、現代の西洋文化におけるスピリチュアリティへの関心が「主体的転回」の反映であり、それゆえに「個人の自己実現」や「内面性」に焦点をあてる傾向があるのを前提としたうえで、キリスト教の文脈から見たスピリチュアリティを次のように定義している。

スピリチュアリティとはわれわれの基本的な価値、ライフスタイル、霊的な実践が、神、人間のアイデンティティ、そして人間の変容へ向かう文脈としての物質的世界をめぐる、特定の理解を反映する方法を指す(1)。

「スピリチュアリティ」とは語源として、ギリシア語 pneuma に由来するラテン語 spiritualitas、及びその形容詞 spiritualis から発展したことばである。pneuma の形容詞形 pneumatikos はパウロ書簡にも見られるという。しかし、「霊」や「霊的なもの」とは、「物理的なもの」あるいは「物質的なもの」ではなく「神の霊に対立するあらゆるものという意味での肉」に対立するものとして位置づけられ、そこからこの関係は「身体と魂」ではなく、「生へのふたつの態度」において決定的な重要性をおびてくる。たとえばパウロ的な語義においては、「スピリチュアル」とは「霊における生」の意味であり、西洋では十二世紀まで使用されていた。パウロ的な文脈での「スピリチュアル」は、ギリシア哲学の影響下にあったスコラ哲学の台頭とともに、知性において「人間であること」(humanity) から区別するために使用され、やがて否定的な解釈を与えられて衰えてゆくことになる。

パウロ書簡との派生関係からも分かるように、キリスト教スピリチュアリティの起源はさまざまな聖典、とりわけ新約聖書にある。興味深いのは、新約聖書成立後のいわゆる初期教会の時代において、スピリチュアリティとは「人間の経験」から発生したものであり、既存の信仰体系や教義から論理的に派生した二次的実践ではないということである。イエスの時代以降の最初の世代は、神の受肉としての「生けるキリスト」や「キリストにおいて」の自分たちの新たな生存を、祈禱やイエスに倣った神への従順によって生きる企てを通じて表現したのであり、そこでは「生のあり方」がつねに先にあった。初期キリスト教におけるこうした経験主義的な思考は、それ自体二十世紀のフェミニズムにおけるスピリチュアリティの生成を想起させずにはいないし、一方では「イエスの働きと生において共有すること」という、もうひとつのきわめて重要な共同性の思想が発生してくる。

初期教会におけるスピリチュアリティの発展に関連して決定的な要素となったもののひとつとして、「その当初からキリスト教スピリチュアリティはコミュニティ全体の「生のあり方」に最も強く表現されていた」という歴史がある。キリスト中心的なキリスト教スピリチュアリティの理解にとって、基本的な枠組となるのは「回心」及び「イエス・キリストに倣って生のあり方を追求すること」である。したがってその実践は「個人主義的なものではなく、本質的に共同体的なもの」であって、信徒のコミュニティ内部で共通の生活が維持され、礼拝を共有し、相互への愛と受容が観念的に表明されるのである。ここから要約できるのは、「事実上、キリスト教スピリチュアリティの核心は、まさにアプリオリな信仰の抽象的なコードよりも、むしろ生のあり方である」という根本的な事実である。このように「使徒であることの集団としての理解」は、バチカン第二回公会議においても強調されたように、キリスト者のコミュニティ全体が「〈父〉の王国への旅において聖霊に導かれる」との理念を創出し、そこから「スピリチュアルな旅の個人よりも集団としての理解」が復活するとシェルドレークは指摘し、その実例として、一九六〇年代のラテンアメリカにおいてグスターボ・グティエレスらが指導した「解放の神学」をあげている。

「解放の神学」がきわめて重要な潜勢力を擁するスピリチュアリティの社会運動であるのは説明するまでもないが、スピリチュアリティの公的な歴史から、非白人女性による「スピリチュアルな旅」の企てが消去されているのは示唆的である。グロリア・アンサルドゥーアは、チカーナ／レズビアン／フェミニストとして抑圧される社会文化的なアイデンティティを思想的な根拠に位置づけながら、「つねに現状維持を支え、制度を堅固にそして教条的なものにする」既成の諸宗教にたいする強い拒絶を語っている。したがって彼女のスピリチュアリティ論は、古代メキシコ、特にアステカの神話や伝承がその基礎として存在し、そこへ米国在住のネイティヴやアフリカ系、さらにカリブ海系（特にキューバのサンテリーア）の宗教体系や信仰実践を折衷させたシステムをなしている。その過程ではまず何よりも「わたしたちのルーツにある文化のスピリチュアリティを理解、受容すること」を発展させ、それによって彼女たちの「スピリチュアルな生がその日常の行為と切断されてはいないことを知る」原点を築くことができたのである。そのようにして「日常的な基盤でそれ〔霊〕があることを見る、そしてそれを呼び覚まし、それにさらなる生を与え、それをあなたの日常生活の一部とするように働きかける」ことだけがスピリチュアリティであると規定するアンサルドゥーアにとって、ではそこから「より集団として」の次元へはどのように節合されてゆくのか。「スピリチュアル・アクティヴィズム」とみずから呼ぶその理念の核心を、彼女は次のようにのべている。

わたしにはとても強いリズム、わたしとは誰かという意識があり、この存在を自分を守護する方法、武器に変えることができたのです。わたしにはお金も、特権も、身体も、あるいは抑圧と闘う知もありませんでしたが、この存在、この霊、この魂がありました。そしてそれはわたしが闘うためのただひとつの方法でした、つまり儀式、瞑想、肯定、自身を強くすることを通じてということです。スピリチュアリティは抑圧された人びとがもったただひとつの武器であり、保護の手段です。社会の変化はその後でのみ起るのです。(2)

アンサルドゥーアによるこうした表明が、本稿第7章でも取り上げた黒人女性によるスピリチュアルな社会運動を先行するモデルとしている事実は、アンサルドゥーアだけではなく、多数のラティーナ・フェミニストによっても言明されている。だがこれを白人主流社会から抑圧された、いわば被抑圧者の連帯の帰結としてのみ理解するのはすでに不可能であるだろう。アンサルドゥーア自身、スペイン語による「わたしたち」を意味する「nos / otras」（わたしたち／他者たち）という人称代名詞を使って説明しているように、ここに刻まれる分断線がまったく消滅してしまったわけではないとしても、米国社会で「わたしたちが他者と緊密に接し、親しい関係にある」以上、両者は今や「交換可能」であるとのべている。抽象的に概念化された「他者」はもはや存在せず、「他者はあなたのなかに、わたしのなかにいる」のである。晩年の彼女の思考がスピリチュアリティを根幹にすえながら、あるいはだからこそ、人種／エスニシティやジェンダー／セクシュアリティの境界を越えた領域へ踏み出していった根拠は、ここにもとめることができる。

スピリチュアリティとともに、キリスト教の歴史で特別な役割を果したのは「神秘主義」と呼ばれる思想である。とはいえミシェル・ド・セルトーの指摘によれば、「霊的な実践または知のある特定の領域の観念」としての神秘主義が出現したのは、十七世紀フランスにおいてであった。「経験」としての神秘主義は、いうまでもなく中世の神秘家たちに顕著に集中した現象ではあるが、主体的な経験としての神秘主義自体は、十九世紀の近代心理学及びその宗教的経験への応用によって際立って強化されることになる。このように科学的に「経験」を孤立して分析することにより、神秘主義は信仰体系や宗教実践から分断されて理解されることになった。転倒していえば、中世の人びとにとって、こうした近代的な神秘主義解釈は、たとえば「融合ではなく愛の交渉（communion）としての、神との差異なき観想的合一」について書いた十三世紀の神秘家リュースブロークのように、スピリチュアリティの「神秘的パラダイム」とはまったく異質なものであったということができる。これと関連して強調しておきたいのは、「ハイ」な神秘的スピリチュアリティと民衆信仰におけるスピリチュアリティとを厳密に区別するのは、きわめて偏った考え方であるとの指摘である。神秘主義が大きく隆盛する中世後期（一一五〇年―一四五〇年）とは、教会の改革運動、修道院外でのスピリチュアリティの世俗化の増大、都市におけるスピリチュアルな風土などが複合することにより、さまざまな信仰や信仰的心性が台頭した時期でもあったからである。

こうした文脈から考えてみると、『エロティシズム』のなかでバタイユが繰り返し聖テレサを召喚しつつ、神聖なものとエロティシズムとの関係について省察しているのは、いったん「科学」によって分離されてしまった神秘体験をふたたびその現場へ回復させる企てのように理解できるかもしれない。エロティシズムのなかに客観性と不可分の「人間の宗教的な（＝内的な）生の様相」を洞察しようと試みるバタイユは、エロティシズムを思考の対象として見る態度を廃棄し、かれの提起する「内的体験」のなかでそれを画定しようとする。なかでも神秘体験とエロティシズムの経験的構造を記述した論考は興味深い（「神秘主義と肉欲」[3]）。バタイユはそこで、テレサの最も名高い神秘体験（本稿第5章を参照）に関するマリー・ボナパルトによる論述を引用したうえで、ラカンと同じようにボナパルトも推察している、エロティシズムと神秘の恍惚との関連性をとりあえず否定する。この地点から長い考察に入ってゆくが、結局結論部分において、バタイユはふたつの実践の間に明白な関係を認め、次のようにのべている。すなわち神秘家たちが表出する神秘体験が包摂する同一の意味とは、「生の直接的な運動に開かれている」ということであり、したがって「性欲の体系と神秘主義の体系は根本的に異ならない」。さらにエロス的なイメージが生成するのと同様の反応を思考の神秘的な運動が思わず生成することもありうるし、その逆もまたありうる。その後バタイユは神秘主義における「完全なる至高性」の状態へと考察を発展させ、「観念の対象は無と等しくなり（…）さらには観想する主体と等しくなる」、ゆえに「もはやいかなる点においても差異はなくなる」としているが、これがさきに引いたリュースブロークの神秘思想と相即することは指摘するまでもないだろう。

しかし、「エロティシズムは孤独の意味をもつ」と考えるバタイユは、キリスト教がもつ神聖さが神秘体験を媒介としつつ、「私たちを死へ投げ入れる可能性」を開くとのべている（「神聖さ、エロティシズム、孤独」前掲書所収）。そのうえで聖人が実践する「永遠の生への意志は、神聖さにも、その反対物にも、関係している」、そして投企としての神聖さについて語るテレサの文句「たとえ地獄にのみこまれようとも辛抱強くつづけるしかない」を提示しつつ、それはまるで「神聖さにおいては、一種の妥協のみが聖人を民衆に、聖人をあらゆる他者に、合一させることが可能でもあったかのようであります。民衆にと申しましたが、それは哲学に、といいかえても同じことです。つまり、共同の思考にということです」と考える。ここで「妥協」とは、神秘体験において、聖人が死につつあるのに永遠の生をもとめている事態を指すが、それがバタイユのいう霊的な生活の根拠としての「掟の遵守と違反、禁止と侵犯を両立させる」様式でもある。けれどバタイユがほとんどとうとつに「民衆」を持ち出し、その「共同の思考」について触れているのは重要である。これもまた、バタイユのいう「内的体験」を生成するスピリチュアリティが、キリスト教も含めて歴史的にその根源においてもっていた共同性、すなわち「使徒であること」を喚起するように思えるからである。

とはいえ、バタイユの神秘体験に関する思考は、どう見ても男性中心的な論理で組み立てられており、たとえば前掲の論文「神秘主義と肉欲」において、「雄バチと修道士」の類似について語りながら「両者を神秘主義に結びつける肉欲的情熱」を強調するのは、そこにジェンダー的な想像力の欠落があることを濃く表わしてもいる。しかもバタイユが神秘体験について語るとき、エロティシズムというその極限状態を考察しながらしばしばテレサの名に言及している以上、その思考において「性」が無化というよりもむしろ、暗黙に「男性化」されている証拠として理解できるのは、『セミネール第二十巻』のラカンと正確に呼応している。神秘のスピリチュアリティが男性のものであるかぎり、バタイユの構想する思想圏から逸脱することはできない。しかし、ジェンダーの境界に楔を打ちこむこの地点にこそ、「生のあり方」としてのスピリチュアリティの今日的な再生を構想するならば、リュス・イリガライの「神秘」をめぐる思考へと導かれるのは必然的といえるかもしれない。そしてそれは、「受胎する」ということばによって象徴される愛の「神聖さ」のなかへとたどりつく。

愛の極限において、問題となるのは神聖なものです。愛が不幸となり、堕落あるいは隷属となったのは、男と女のそれぞれが、そしてその両方が、（複数の）神とならなかったからです。両性の間で、（複数の）自然そして神が合一し、受胎する愛こそ、個人のそして集団の、経験的でそして超越的な幸福の発見のために、なくてはならないのです(4)。

スピリチュアリティをめぐるイリガライの言説は、それと明示化されてはいなくとも、ヨガの技法や実践を基本的な素養のひとつとする意味においてだけではなく、スピリチュアリティと身体性、すなわち「霊」とは身体の諸経験から発展するものであり、それは「完結した、完璧なものではありません」とアンサルドゥーアが強調する身体性においても、両者のもつひじょうに緊密な関係性を感じさせる。ただしこの関係性は、彼女たちが積極的に社会に開かれたアクティヴィストとして行動してきたとの具体性から生じるというより、スピリチュアルな実践を政治的な問題へ節合するように思考してきた結果として、了解するべきである。全米キリスト教会に所属する牧師でもある研究者サリー・パーヴィスは、キリスト教フェミニスト・スピリチュアリティに関する概説のなかで、「男性の経験が「人間であること」を定義するとき、女性全体が消えてしまうのとまさにおなじように、白人女性が自分たちの経験を「女性の経験」として語るとき、この国の非白人女性やマイノリティ文化の女性たちは、自分たちが消されてゆくのを知っている」としたうえで、人種や性に基づく差別に対抗する「フェミニスト・コミュニティ内部でのこうした挑戦は、政治的でもスピリチュアルでもある」と論じている。(5) パーヴィスの考察には問題がないわけではないが、スピリチュアリティと政治性とを分離せずに議論するこの運動の倫理は記憶されるべきかもしれない。

イリガライは「一者と他者を成長へとゆだねる生成の推進力」としての愛のために、「各人はみずからの身体を自律的なものに保たなければ」ならない、そして「ふたつの生がたがいにあい抱きあい、受胎させあって一方あるいは他方のなかに果てしなくとどまらなくては」ならないとものべている。間主体的なその思考は詩的な意匠をまといつつ、ここでもジェンダー間の関係が想像されているように見えるが、彼方には「人間の変容」をめざす集団や社会のポリティクスがゆるぎなく相対している。スピリチュアリティは「癒し」や「自己啓発」めざして実践される私的な経験でもありうるが、けれどそれは魂を生の負荷から救い出し、同時にそれを日常へと送りかえし、そのようにして個人の「経験」を他者へと開いてゆく可能性において、さらにおおきな共同体の未来を志向する「運動」になりうる。「一個の経験が生み出される過程あるいは闘いは、魂に、魂を作ることにつながっています」というアンサルドゥーアの声は、このとき、地理や文化を越えてスピリチュアルに響き合うことだろう。

終りにタイトルについて。「ストーンド・ソウル・ピクニック」とは、二十歳を過ぎたばかりの一九六〇年代後半の頃、すでに数々の名曲を書き上げていたユダヤ系アメリカ人のシンガー&ソングライター、ローラ・ニーロの傑作のひとつである。ヴェトナム戦争とヒッピー運動の全盛期だった時代の余韻をとどめるように、「ラリった」(stoned)という文句がついてはいるが、いま思えば若くして多様な音楽カテゴリーを横断した「マルチエスニック」で「ボーダレス」な彼女の音楽は、「主」や「神」、「悪魔」、「魂」や「霊」といった語彙が頻出する自作の歌詞にも表出されているように、深くスピリチュアルな内容をもつ世界観が語られていた。「魂のピクニック」とはまさしく、スピリチュアリティを渇望しながらも翻弄される現代を生きる者たちにとって、今だからこそもっと魂を解放しなさいという「福音」のようにも聴こえる。

ローラ・ニーロは「天才ソングライター」としてもてはやされた初期の傑作群を讃える声が多いけれども、澄みきった叡智と情愛は真に経験を重ねた者のみに許される恩寵であることを晩年のパフォーマンスは教えてくれる。今年（二〇〇七年）は彼女が誕生して六十周年、乳がんで死去して十周年になる。「霊と女たち」の最後をしめくくるにあたり、これ以上にふさわしい名前はないと思う。

（1）Peter Sheldrake. *A Brief History of Spirituality*. Blackwell, 2007. 以下の議論はおおむね本書にしたがっている。
（2）Gloria E. Anzaldúa. *Interviews / Entrevistas*. Routledge, 2000.
（3）ジョルジュ・バタイユ『エロティシズム』所収。以下の引用は澁澤龍彦訳（二見書房、一九七三年）と酒井健訳（ちくま学芸文庫、二〇〇四年）を比較検討して使用している。
（4）リュス・イリガライ「婚礼をもとめて——日本語版への序」（西川直子訳、『基本的情念』、日本エディタースクール出版部、一九八九年）。引用は同書所載の原文に即して改変している。
（5）Sally B Parvis. "Christian Feminist Spirituality". Louis Dupré and Don E. Salier (eds.). *Christian Spirituality. Post-Reformation and Modern*. Crossroad Publishing, 1989.

彼女にはこの恐怖がある　名前がないということの

——グロリア・アンサルドゥーアとチカーナ・フェミニズム

『未来』二〇〇四年一月号・二月号

「ふたつ以上の文化がたがいに接するところならどこででも、そして異なる人種の人々がおなじ領域を占めるところで、最下層の、下層の、中流の、上流の階級が重なるところで、ふたりの個人の間の空間が奥深く縮んでしまうところでは、ボーダーランズは物理的に存在する」(『ボーダーランズ』)

米国のサンディエゴといえば、今や全米でも第六の規模を誇る大都市に成長した、アメリカの中心的な産業都市である。しかし米国の最も南西部に位置する同市は、メキシコとの国境までわずか四十キロ足らずの国境の街でもあり、多くのメキシコ系人口を抱えるエスニックなコミュニティでもある。高層ビルやホテルの林立するダウンタウンで、一般の観光客は市内見物にしか利用しない名物の市街電車に乗ると、国境までは三十分あまりで到着する。終点からは歩いて国境線にかけられた殺風景な建物を通過するだけだが、多くの肌の色の濃い人たちが仕事へ急ぐようすは、こちらの私鉄ターミナル等の光景とさして変わらない。そして入国審査があるわけでもなく、かつては犯罪と歓楽の街として名をはせ、今はマキラドーラ企業の拠点になっているティファナ側へ出ると、後は黄色いタクシーがすさまじい台数で客待ちしているだけである。しかし、逆に米国側へ入るときは、航空機搭乗の際のセキュリティ・チェックさながらの検査と係官による入国審査があり、配置される人員も比較にならないぐらいの数にのぼる。つまりこれが国境＝ボーダーの現実であり、百五十年にわたって境界を接し、人やモノの移動をめぐって争ってきたふたつの国が重なりあう地点の、今日のすがたである。国境を消滅させて世界を駆けめぐるグローバル化との華やかなイメージは、少なくともここにはない。

こちらのメディアの報道やハリウッド映画の題材としても時おり登場するアメリカ／メキシコの国境地帯は、むかしから多くの事件や物語を生み出してきた土地である。たんに国境といっても東はメキシコ湾から西は太平洋まで、約三千キロに及ぶこのボーダーは、しかしかつてはまぎれもなくメキシコ領土であったとの過去をもつ。一八四八年、大陸西部への拡張主義政策をとるアメリカと、スペインから独立してまもない新興国メキシコとの間で勃発した戦争の結果、両国が締結したグワダルーペ＝イダルゴ条約によって、現在の国境線の土台となるラインが画定される。それによって当時のメキシコ領土のほぼ半分、今日ではいわゆるサウスウエストと呼ばれる南西部五州が米国領土に併合され、メキシコ国民として同地域に居住していたメキシコ人たちはアメリカ市民となり、ここから米国における「チカーノ」たちの白人支配という圧力の下での、長い苦難にみちた歴史が始まってゆくことになる。こんにち、密入国と麻薬売買の舞台として流布するボーダーのイメージは、こうして国際政治の力学によって引き起された歴史に遠い起源をもつといえるだろう。

現在のテキサス州南部の国境地帯には、ランチョと呼ばれるいくつかの農園があり、そこで農業労働者として働く家族がやはりいくつかの小規模な集落を形成している。チカーナをはじめとする米国非白人女性フェミニズムの旗手であり、多くの支持者、崇拝者を有する『ボーダーランズ』の著者グロリア・アンサルドゥーアは、こうした農業労働者の家庭に第六世代のメキシコ系アメリカ人として生れた。これらの人びとは一箇所に定住できたわけではなく、仕事をもとめて絶えず移動しなくてはならなかったため、少女グロリアも十歳になるまで、大人たちに混じって農耕や牧畜を手伝いながら一帯を転々としていたと述懐している。パン・アメリカン大学で学位を取得するまで、家族とともに農園での労働をつづけたが、野外での労働、及び自身が移住労働者であったことの経験が自分を形成したとのべている通り、アンサルドゥーアの思想において、そしてひいてはチカーナ・フェミニズムの理論的背景においては、「階級」が決定的なエージェンシーのひとつになっていることは強調しておきたい。

その後、チカーノ研究では伝統あるテキサス大学オースチン校で英語及び教育学の修士号を取得すると、教師としてのキャリアが始まる。高校だけではなく、移民の子どもたち、そして情緒障害と知的発達の遅れた子どもたちへの教育経験を通じて、彼女がのちにその作品に言説化してゆく移民や国境、女性、書く行為（writing）、バイリンガリズム、霊性（spirituality）といった重要な主題が発展していった事実は想像にかたくない。そしてテキサス大学で博士論文提出候補者となり、平行してチカーノ研究の講師にも就任し、「作家」アンサルドゥーアとしての未来が始まってゆく。

「メスティーサとして、わたしにはくにがない」（『ボーダーランズ』）

アンサルドゥーアが一九八七年に発表した主著『ボーダーランズ』の表紙には、「新しいメスティーサ」という副題が付されている。メスティーサというのはほんらい、主として白人と先住民との間に生れた混血者の女性のことを指すが、ここではそうした人類学的意味をもつわけではない。彼女の提起するメスティーサとは、人種／エスニシティ、階級、性、文化、言語などの無数の差異を安定的な二項対立として受容するのではなく、それらの差異の間を絶えず移動することで「ある集団から別の集団への文化的かつ霊的な価値の移譲によって生れる産物である」。したがってメスティーサは、アメリカ、メキシコ、そしてそれらの混成としてのチカーノという「三文化をもち、モノリンガル、バイリンガル、マルチリンガルであり……絶えざる変遷の状態にあるので」、「肉体の闘い、諸ボーダーの闘い、内なる闘い」を経験する。アンサルドゥーアのテキストにしばしば登場する「わたしは同時にすべての文化である」、「わたしはすべての民族である」といった言説は、ともすれば楽天的なヒューマニズムにも聞こえるが、その根源にあるのはきわめて強固な白人＝男性中心の米国社会で生存するため、既成の境界線をすり抜け、かわし、くぐることにより、二重に差異化されつづけるチカーナというアイデンティティを生成し、新たな文化実践へみちびくメスティーサとしての戦略的な隠喩であるということができる。

おなじことはこの書物の構成、文体についても指摘できるだろう。「蛇状の運動」として形容されたこともある同書の構成は、「サマザマナ境界チ横断スル／さまざまな境界を横断する」という散文中心の前半と、「吹キスサブ風／エエーカトル、風」と題された三十八編の詩からなる後半とにまず分けられる（便宜上、ここではスペイン語部分をカタカナ表記にした）。しかし、もともと詩集として構想されたと伝えられる本書において、詩は最も重要な言説ジャンルに他ならない。前半部分においても頻繁に自身の作品、あるいは他者の詩編からの引用が挿入され、もともと歴史記述から自伝的な叙述、さらには批評的な言説もふくむ混成的な内容をもち、基本的に理論的な書物とはいいがたい本書の特異なテキスト編成をさらに混ぜあわせ、「メスティーサの意識」とおなじように、固定されたテキスト受容を拒絶し、つねに不安定に読み手の意識を揺さぶりつづけるような方法論が生み出されている。これは使用する言語の自由な転換にも共通しており、英語、次いでスペイン語を主たる言語として用いて両者を自在に往還しつつ、一方では前スペイン期の言語ナワトルやチカーノ特有の語法であるチカーノ・スパニッシュを点在させることで、言語的な「メスティーサ」の状態を創造する意志の表現でもあるだろう。こうした複雑な言語表現の過程を通じて、『ボーダーランズ』はたんにチカーナ・アイデンティティの文化実践を強力に表明する書物なのではなく、複合的な諸差異やいくつもの文化が交錯するひらかれた場として機能するのである。

こうしたテキスト戦略から表出される主題としてのボーダーランズとは、では何なのか。「アメリカ／メキシコのボーダーは、第三世界が第一世界にぶつかってきしみ、血を流す開イタ傷である」とアンサルドゥーアはいう。しかし地政学的な境界としてのボーダーが領土を「分断する線」にすぎないのにたいして、「ボーダーランズは不自然な境界のもたらす感情的な剰余によって創りだされる、曖昧で決定不能な場所である」。それはしたがって、多様なレベルで差異化される「越境シタ者タチ」によって居住される空間であり、いいかえると「ノーマル」なものの境界を越えた者たち──「顔のない、名前のない、目に見えない、〝おい、ゴキブリめ〟(Hey cucaracho)とあざけられる」者たち──の集う場所である。彼女があえて「ノーマル」という差別的な語を使っているのは、ボーダーランズがのちに触れるセクシュアリティをめぐる闘争の場でもあるとの動機によるだろう。そしてだからこそ、そこに生きるメスティーサは「がんじがらめになった習慣や行動様式」を拒絶し、「集中する思考から……分岐する思考へ」つねに移行しなくてはならない。その過程を通じて「曖昧さへの寛容」を発達させ、「さまざまな文化を巧みにあやつることを学ぶ」のでもある。「彼女はある複数の個性をもつ、彼女は複数の仕方で動く――何も押しだされはしない、よいものも悪いものも醜いものも、何も拒絶されない、何も放棄されない」。

この文脈からもうひとつ言及しておきたいのは、この書物で重要な鍵を握る前コロンブス期の先住民族による宗教概念、及びそのアイコンについてである。そこで最も力点を置かれているのが「フェミニストの相（state）」としての、コアトリクエという存在になる。コアトリクエとはアステカ時代の女神の名前であり、アンサルドゥーアによれば、「わたしの霊魂（psyche）に棲む、またはそこを通過する〝元型〟のひとつ」で、「生と死の女神であるコアトリクエは生を授け、奪いとる、彼女は宇宙のさまざまなプロセスの化身」であるという。こうした彼女の言説にはいうまでもなく、霊性というアンサルドゥーア思想の根幹をなす、もうひとつの意識の神秘的な反映があるのだが、しかしここでこの古い宗教的アイコンが喚起されているのは、やはりきわめて政治的なフェミニズムの思考に基づいてもいることは理解しなくてはならない。もともと家父長的な男性中心史観の表現でもあるチカーノのユートピア、アストランという国家イデオロギーによって解釈されてきたこの女神を、メスティーサによるフェミニズム言説によって解釈しなおし、フェミニストのアイコンとして提起することにその意図はあった。それによってメスティーサは支配的に男性中心的な過去の歴史、宗教、神話を回復し、自分たちの「遺産」として共有することができたからである。ある断章の表題にもあるように、ボーダーランズを志向するチカーナにとって、「コアトリクエの相は越境へのプレリュードである」。

「ジェンダーだけが抑圧なのではありません」（『ボーダーランズ』第二版所収インタヴューより）

「階級」という概念が曖昧なままに希釈され、無意識のうちにナショナルな喧騒にかき消されてしまっているかのような現下のこの地の状況では理解しにくいかもしれないが、すでにのべたように、チカーナ・フェミニズムの担い手たちは「労働者階級出身」とのアイデンティティをその主体形成の根源にすえている。しかし歴史的に見れば、この背景にあるのはあの運動が力をもつ以前、すなわち七〇年代の米国フェミニズムの主体をになった白人女性たちが、おおむね中産階級の出身者であるとの動かしがたい事実である。あのフェミニズムが「女性」というジェンダーのもとに、他のあらゆる差異をそこへ収斂させ、「男性」との関係においてのみ主体的なアイデンティティ形成を企てていたのだとするなら、そこでは「白人」でも「中産」でもない「女性」たちの存在は排除され、同質的で人為的な「女性」という集合だけが形づくられることになる。「新しいメスティーサ」とはまさしく、このようなジェンダー観的認識論（gender standpoint epistemology）へのラディカルな抵抗に他ならない。カリフォルニア大学バークリー校教授でありチカーナ・フェミニズムの理論的な支柱でもあるノーマ・アラルコンは、この過程を鋭く指摘している、すなわち非対称的な人種／階級関係が社会の中心的組織原理である文化においては、「ひとは他の女性に対抗して〝女になる〟こともありうる。いいかえると、女性というカテゴリー全体が問題化される必要があるのだ」（「『わたしの背中という名のこの橋』の理論的（諸）主体とアングロ＝アメリカン・フェミニズム」）。

そこから『ボーダーランズ』で提起されるもうひとつの主題として、チカーナの文化実践の場として構想される「ストーリー」という方法が浮び上がる。アンサルドゥーアは「チカーノはみなストーリーテラーだ」とのべている通り、自身も少女期から姉妹に語りかけるストーリーが作家としての出発点になったと回想している。彼女はいう、わたしのストーリーは時間に閉じこめられていて、声を出して話されたり黙って読まれたりすると動き出す、それは西洋の美学が芸術作品について考える「力のない〝死んだ〟物体」なのではなく、「パフォーマンス」である。そして彼女が頭の中でストーリーを創り出すとき、すなわち声と場面が心のうちのスクリーンに投影されるとき、彼女は「トランス」する。これはストーリーが語り手や聞き手を何か、または他の誰かに変容させる能力はシャーマン的なものだ、作家とはシャーマンだとする彼女の霊性／書く行為に関する思考の、根源にある思想でもあるといってよい。そしてこのように定義されたストーリーは、それゆえに聖と俗とを、芸術と日常生活とを分断しない、「労働者階級出身」のチカーナにとって、性や人種、階級にかかわる多くの問題を、生活や経験の細部からとらえ直すための決定的な文化実践の場となる。彼女は別の書物では、「自分自身の部屋のことは忘れなさい」と主張しているが、ストーリーが近代西洋的かつ男性中心的な芸術や知的な内省の場ではない以上、それの生成する場所が問われることはけっしてない、「台所で書きなさい、浴室に入って錠をおろしてしまいなさい」(『わたしの背中という名のこの橋』)。

「彼女にはこの恐怖がある　名前がないということ　たくさんの名前があるということ　じぶんの名前を知らないということ　彼女にはこの恐怖がある　彼女がひとつのイメージだということ」。グロリア・アンサルドゥーアの『ボーダーランズ』はこうして、チカーナたちの経験と意識を繊細かつ強力に構成したテキストの力によって表現し、チカーナを越えて、多くの女性たち、そして白人や男性もふくんだ新たな「提携」の道を切り開く書物として読みつがれてきた。ジュディス・バトラーやダナ・ハラウェイといったフェミニズムの理論家たちから、一般市民、活動家、学生にいたる無数の読者が出現しつづけているのも、たんにチカーナとしての孤立した文化実践を企てたからではなく、ボーダーという不安定で曖昧な領域から思考し、おしこめられた想像力をひらいていった「書くこと」の力によるだろう。しかしこの書物の企ては、すでにそれより早く出版されていたアンソロジーに先導されていたのでもあり、それがチカーナ、黒人女性、アジア系女性、ネイティヴ女性などからなる「非白人女性フェミニズム」として、現在もなおはげしくうねりつづける文化実践の水脈に流れこんでゆくのである。

「**わたしたちは〝フェミニスト〟がわたしたちに意味するものを広げる定義を創造したいのです**」（モラーガ／アンサルドゥーア『わたしの背中という名のこの橋』八一年初版序文）

チカーナ・フェミニズムは初期の記録資料が乏しいため、その起源自体は明らかではないものの、それが形成されてきた過程、歴史については、すでに数多くの議論が存在している。スペイン語でエル・モビミエント（El movimiento）、すなわち「運動」と名指された社会運動がチカーノの間から発生したのは、米国社会で黒人公民権運動や女性解放運動を始めとする多くの社会運動が昂揚した六〇年代後半のことになる。政治的及び社会的な差別にたいする抗議行動としてのモビミエントの発達過程についても多様な見解があるが、基本となったのはカリフォルニアそしてテキサスの農場労働者による組合運動間の提携、全米に拡大する学生運動から派生したチカーノの大学生・高校生の組織化、中西部及び南西部の都市労働者の参加であったとされている。当時の他の政治的な社会運動と同様に、モビミエントも社会的正義、平等、教育改革、コミュニティでの政治的かつ経済的自己決定を主張したが、なかでも最大の組織である農場労働者連合（United Farm Workers）と呼ばれる組合の結成に奔走し、大資本との交渉で先頭に立った指導者のセサル・チャベスは、今日でもなおチカーノ・ロックや児童画の題材として好まれるほど、絶大な尊敬を集めた中心的存在として記憶されている。アンサルドゥーアものべているように、チカーノが「ひとつの民衆」であることを覚醒した自己アイデンティティ化の歴史において、チャベスの存在とその運動は、テキサスの小都市で起きた集団的な投票運動から拡大した統一ラサ党（La Raza Unida Party）の結成や、チカーノ文学の先駆となったロドルフォ・ゴンサーレスの『ぼくはホアキンだ』（*Yo soy Joaquín / I am Joaquín*）の出版とともに、確実に象徴的な意味をもったことは強調しなければならない。

しかし逆説的なことに、チャベスというひとりの男性へのこうした敬意や信頼こそが、この運動が根強くもっていた文化ナショナリズムの現実と、それに深く結びついた男性支配の伝統的構造を隠喩的に表わしているともいえるだろう。これも現在でも一般的に流通する「ラサ」

(raza、英語の race に等しい)は、メキシコ系またはチカーノの肌の色を指す「ブラウン」とともに、かれらの集合的アイデンティティ、文化の誇り、ホワイトやブラックに対抗する肌の色の肯定が織り合わされた「ひとつの共有される文化」として、その構成員にたいしてほとんど絶対的な権威を保持していたといってよい。そしてこのラサの基本単位を形成するものが「ファミリア」(familia)、家族であって、ファミリア・チカーナとして讃美された家族への依存、従属から、女性を今の/将来の「母」に画定する家父長的な共同体の原理や思考までは、説明するまでもなく近い。モビミエントといい、ラサといい、ファミリアといい、チカーノの生存の根本にある多様なレベルの社会文化的なアイデンティティ形成の実践において、そこから決定的に排除されているものは何なのか。それがチカーナ・フェミニズムの生起する出発点であった。ラサということば自体はアンサルドゥーアらも力点を置く概念になっているが、ここで問題であるのは、そこに内在するジェンダー/セクシュアリティへの差別あるいは排除という現実である。

彼女たちが運動にたいして抵抗したのは、モビミエントが政治的かつ文化的アジェンダとして掲げていた文化ナショナリズムが、たとえばメキシコの伝統文化への回帰や保存という人種/エスニシティに関わる差別の問題のみに照準して権力化し、そこにはらまれる性の問題、とりわけ男性女性間の階層的関係を何ら問題とはしなかった事実にある。六〇年代、七〇年代のチカーノによる運動が、こうした文化ナショナリズムと男性支配が強固に組み合わされることによって、女性にたいしては執拗に伝統的なジェンダー役割を強制し、女性を運動に参加する主体としてではなく、むしろ「自己客体化」へと限定する結果を生むことが理解され始めたのである。女性に強いられたこのようなジェンダー役割について、詩人で劇作家でもあるチカーナ・フェミニズムの中心のひとり、チェリーエ・モラーガは、二十世紀初めのメキシコ革命期に革命軍に同行し、男たちに混じって戦った女性戦士の象徴「アデリータ」になぞらえ、チカーナたちに「現代のアデリータ」としてゆるされていた行動は、当時とおなじ「三つのｆ」(feeding, fighting and fucking) にすぎないと洞察している。ここから包括的な名称であるチカーノではなく、人種／ジェンダーを標示し、政治、イデオロギーの闘争の場で主体化されるチカーナという名称をもつ女性として、自分たちのコミュニティと文化アイデンティティをとらえなおす意識が芽生え、人種／エスニシティだけではなく、性やジェンダーの平等を目標とする運動としてのチカーナ・フェミニズムが生成されてゆく。チカーナ・フェミニストはモビミエントのなかで、その初期から積極的に関与、貢献してきたにもかかわらず、当時その事実がほとんど認知されることなく終ったのは、「家父長的な文化及び政治のエコノミーのなかで、人種化されたエスニックな女性たちが受ける消去／排除の過程」(アラルコン) を物語ってあまりあるだろう。

「だれかを恐れ呪うことで築かれる運動はどれも、失敗した運動である」（チェリーエ・モラーガ『戦いの時代に愛しあうこと』）

この運動が発展する上でもうひとつ重要な要因となったのは、他の非白人女性によるさまざまな運動との連帯であった。なかでも最も近い位置にあったのは、黒人解放運動のなかですでに多くの経験と問題を抱えてきたブラック・フェミニズムの女性たちである。彼女たちの運動の先駆となったコンバヒー・リヴァー・コレクティヴのテキストにうたわれているように、しばしばブラックとしての集合的アイデンティティへの障害として批判の対象ともされた、アイデンティティ・ポリティクスという概念のなかに具体化されている自分たち自身の抑圧を主張したこの運動は、「最も深く、潜在的に最もラディカルなポリティクスは、他の誰かの抑圧を終らせるために行動することとは対立するものとしての、われわれ自身のアイデンティティから直接現われる」（「あるブラック・フェミニズム声明」、『わたしの背中という名のこの橋』所収）との認識を表明することによって、モビミエントと同様に文化ナショナリズムが支配的な黒人運動の理念とはげしく対立した。このようにアイデンティティ形成（「わたしとは誰か」）よりも運動の大義（「何がなされるべきか」）が絶対視され、女性の主体性やアイデンティティを排除する姿勢を問う声については、同時に進行していたアジア系女性、ネイティヴ女性の運動からも共感が生れ、こうして

「非白人女性」としてのフェミニズムが新たな段階へ発展することになる。そこではすでにのべたように、白人女性によるフェミニズムが主として中産階級に属する、教育水準の高い女性たちによって独占されている事実も問題とされ、識字率も低く労働者階級出身者が圧倒的な非白人女性との階級的な差異が明確に意識されていることは論ずるまでもないだろう。黒人解放運動が先鋭化したブラック・パンサー党の闘士として知られ、現在では国際的に著名なフェミニズム研究者及び人権活動家でもあるアンジェラ・デイヴィスがのちに語るように、必要であるのはさまざまの女性運動の統一なのではなく、「提携構築（…）をめぐってばかりではなく、たとえば草の根レベルや大学のキャンパスで出現している非白人女性の組織化をめぐっても」連帯を構想する必要性が浮上してきたのである。

しかし、こうした文脈のなかでもうひとつ決定的な役割をになったのは、レズビアン女性の存在であった。チカーナの女性役割モデルとして崇敬される聖母グアダルーペ信仰に顕著でもあるように（その対抗言説が「コアトリクエ」である）、もともと強大なカトリック文化の伝統に根ざしているチカーノ・コミュニティの内部にあって、最も強い抑圧、禁忌の対象であったものが性をめぐる境界であり、チカーナ・フェミニストが運動の理論化において、セクシュアリティをその核心に位置づけたのはきわめて挑戦的かつ戦略的である。そのひとりであるアンサルドゥーアは――さらにモラーガをはじめとする多くの非白人フェミニストが――レズビアンであることを表明し、このセクシュアリティをボーダーランズのひとつに加えてもいる。「非白人女性の間にある最大の分断の根拠のひとつはホモフォビアであった」(無署名『わたしの背中という名のこの橋』)との指摘がしめすように、このために彼女たちはエスニックなコミュニティの内部だけではなく、時にはレズビアニズムと同一視されたフェミニズムの内部においても疎外され、恐怖の対象として忌避されることにもなってゆく。こうして人種/エスニシティを越えて伝播する反同性愛感情はレズビアンの周縁化を形成するが、ここで喚起したいのは伝統的にナショナリティやエスニシティの観点から文化を思考する方法は、「ジェンダーや性的志向の問題を排除するばかりか、実際にはそれらの排除に基づいている」(ディアナ・ティラー)との事実である。アンサルドゥーアは異性愛者に対立する名称としてのクィアを使用しつつ、的確に要約している、「クィアは異性愛者の種族の恐怖を映し出す鏡である、それは異なること、他者であること、ゆえに劣っていて、ゆえに人間以下、反人間、非人間であることである」。したがってクィアの集団である「わたしたちはどこへも属することはない」(いずれも『ボーダーランズ』)。あるいは異性愛者をも包含する「クィア・アストラン」を夢想したモラーガののべるように、米国社会においては「レズビアニズムは貧困である——ブラウンであることのように、女であることのように、ただたんに貧しくあることのように」(「ラ・グエラ」、『わたしの背中という名のこの橋』所収)。

以上のような人種/エスニシティ、階級、ジェンダー/セクシュアリティにまたがる「交差圧力」のなかから、ふたりのチカーナ・レズビアン・フェミニストであるモラーガ、アンサルドゥーアの共同編集による書物『わたしの背中という名のこの橋』は誕生した。この書物については別稿で詳しく論じているので、ここではそこで立ち入らなかった論点を簡潔にのべるにとどめたい。「ラディカル非白人女性によるライティング集」との副題をもつこの書物は、『ボーダーランズ』に先行して八一年に初版が刊行されている。モビミエントの衰退とフェミニズム内部での無力感が相乗する状況のなかで、モラーガ、アンサルドゥーアがそれぞれの執筆者の抱える多様な境界に抗して非白人女性の連帯を実現したプロジェクトの威力は、その後現在まで版を重ねつづけている事実にも明らかだが、むしろここでは本書の内容がもっている構想力の強靭さを強調したいと思う。『ボーダーランズ』がそうであるように、この書物も詩、散文、対話、演説の一部、書簡、独白など、さまざまなジャンルのライティング、すなわち書く行為あるいは書いたものによって構成されている。そしてこのハイブリッドなテキスト生成こそが、「非白人女性」として集合される女性たちの現実を逆にあぶり出しているのであり、制度化された既存の言説編成に統合されることなく、文化とアイデンティティのポリティクスを構想する空間、場を創り出してもいるのだ。別稿でも論じたように、この書物の方法をモデルとした企てはその後も陸続として登場しているが、本書がそれらに提供した最大の教訓のひとつはこのようにして——要約すると——「ストーリー」によって、政治や文化の問題は思考し、定義することができるという事実につきるだろう。なぜなら、「橋」とは人種／エスニシティ、フェミニズム、セクシュアリティなどのさまざまな境界線にわたされるものである以上、彼女たちが「この橋」をかけるのは「わたしたちの自己に名前を与え、わたしたち自身のことばでわたしたちのストーリーを語ることによって」（無署名「他者の生のなかへ入ってゆくこと」）しかありえないからである。

「何もないところからファミリアを始めること」（チェリーエ・モラーガ『幽霊を棄てて』）

チカーナ・フェミニズムの文化実践は、政治的な活動や文学、ライティングによる編集・出版だけにとどまらず、とりわけ演劇／パフォーマンスの分野でめざましい発展を見せている。すでに七〇年代からこの分野で積極的に活動していたチェリーエ・モラーガはその中心的存在のひとりであり、朗読形式による上演を経て八九年に世界初演された『幽霊を棄てて』という作品によって、白人演劇の分野でさえ前景化されることのなかったレズビアン女性の身体と欲望を大胆に舞台化して衝撃を与えた。この作品は二十代女性のマリーサとその十代の時の分身であるコーキー（これは男性の名前である）、四十代女性のアマリアの三人を登場人物とする、三つの「肖像」（Retrato）及び十二の場から構成されている。マリーサは「わたしはクィア、それがわたし」

とのせりふにも明示されるレズビアンで、自己の女性性を否定してきた彼女がそれを確認するのは劇中でコーキー自身の長く力感にあふれる独白で語られる、十二歳の彼女が受けたレイプを通じてであった（「やつはあたしに穴をつくってくれたんだ！」）。セクシュアリティが曖昧化されているアマリアはメキシコを自己の文化的かつエロス的なアイデンティティとして抱き、マリーサを誘惑して結局捨ててしまう。「幽霊」とはアマリアにとっての死んだメキシコ男性であり、マリーサにとってはアマリアそしてコーキーである。ここではマリーサ／コーキーとアマリアというジェンダー化された性的な主体が、コミュニティが集合としてセクシュアリティを想像する仕方との相関的な関係を通じて形成されているのだが、実はそこから明らかになるのは「国民、権威、歴史、伝統の構築は深くセクシュアリティ化されており、それによってある特定の空間の占有に依存する」（アリソン）とのナショナリズム＝家父長制的なジェンダー／セクシュアリティの構造なのである。それはチカーナ／ラティーナが「彼女たち自身のストーリー／ヒストリーを表象、エンパワーする媒体として」（同上）、演劇／パフォーマンスが機能していることの重要な証明であるとともに、「家族」ではなく「ファミリア」として新しい親族関係を提起するモラーガの企ての意味は、そこにこめられたチカーナ／レズビアンという女性の主体性とアイデンティティ・ポリティクスへの、パフォーマティヴな実践であるということができる。

モラーガの演劇自体はこれ以降、レズビアンを前景化したプロットから遠のいてゆくが、自身が活動家として実績もあったモラーガの場合は例外的であるとしても、チカーナそして（彼女たちが三分の二を占める）ラティーナによる演劇／パフォーマンスが、彼女たちのフェミニズム実践とさまざまなレベルで連繋しながら進展してきたことは疑い得ない。レズビアニズムやジェンダー化された身体の舞台化はその一部であるといってよいが、とりわけソロまたはグループによる身体表現としてのパフォーマンスは著しい発展をとげているジャンルでもある。こうしてチカーナ・フェミニズムは文化実践の現場と協同しつつ、しかしその一方で、理論的な領域でも新たな段階をむかえている。アンサルドゥーアは九〇年にアリス・ウォーカー、トリン・ミンハ、ミッシェル・クリフらを加えて『顔をつくる、魂をつくる』、さらに二〇〇二年には『ホームと名づけるこの橋』という六百頁を越えるアンソロジーを編集、刊行し、非白人女性に軸を置きつつも白人や男性を含む広汎な書き手による「変容のためのラディカルなヴィジョン」（同書副題）を提起した。そして〇三年には若い世代の研究者たちによる変革的な書物も出現しており、心理学者アイダ・ウルタードの『チカーナ・フェミニズムズを声にする』では百名を越す二十代三十代のチカーナたちへのインタヴューを通じて、彼女たちの日常レベルでの生きられた経験とチカーナ・フェミニズムとの関係性を探り、それによってこの運動の有効性を再検証しようと企てている。またウルタード自身も参加した学際的な編者たちによる『チカーナ・フェミニズムズ』は書名が示す通り、多様化するこの運動の現実をその理論家たちによる論考とそれらへの回答（男性も含む）を組み合わせる方法で分析したきわめて領域横断的な研究だが、ここでも「移動する言説の境界に立ち向かい、生きられた経験とのつながりをとらえる」ことが目標として掲げられ、カルチュラル・スタディーズの理論的影響という以上に、チカーナ・フェミニズムがたんに「大学」や理論化の場だけではなく、「彼女たち」の日常のなかに深く根ざしてゆこうとする運動であることを強く示唆している。その根底にあるのはおそらく、アンサルドゥーアの語るように、「ボーダーランズで生きることがあなた（たち）なのです」との二重に共有される自己アイデンティティの実践経験であるのにちがいない。

＊「チカーノ／チカーナ」chicano/chicana、「非白人女性」women of color という名称については複雑な議論が存在するが、ここでは省略する。

参考文献

Alarcón, Norma "The Theoretical Subject(s) of *This Bridge Called My Back* and Anglo-American Feminism". Anzaldúa, Gloria (ed.). *Making Soul, Making Face. Creative and Critical Perspectives By Women of Color.* Aunt Lute Books, 1990.

——. "Chicana Feminism. In the Tracks of 'the' Native Woman". Kaplan, Caren, Norma Alarcón and Minoo Moallem (eds.). *Between Woman and Nation.* Duke University Press, 1999.

Anzaldúa, Gloria. *Borderlands / La Frontera. The New Mestiza.* Second Edition. Aunt Lute Books, 1999.

Arredondo, Gabriela F. et al. *Chicana Feminisms. A Critical Reader.* Duke University Press, 2003.
Arrizón, Alicia. *Latina Performance. Traversing the Stage.* Indiana University Press, 1999.
García, Alma M. "The Development of Chicana Feminist Discourse. 1970–1980." Antoinette Sedillo López (ed.). *Latina Issues* vol. 2. Garland, 1995.
Hurtado, Aída. *Voicing Chicana Feminisms. Young Women Speak Out on Sexuality and Identity.* New York University Press, 2003.
Moraga, Cherríe and Gloria Anzaldúa (eds.). *This Bridge Called My Back.* Third Edition. Third Woman Press, 2002.
——. *Loving in the War Years / Lo que nunca pasó por sus labios.* South End Press, 1983.
——. "Giving Up the Ghost". *Heroes and Saints & Other Plays.* West End Press, 2000.
Saldívar-Hull, Sonia. *Feminism on the Border. Chicana Gender Politics and Literature.* University of California Press, 2000.
Taylor, Diana. "Opening Remarks". Taylor, Diana and Juan Villegas (eds.). *Negotiating Performance. Gender. Sexuality, & Theatricality in Latin/o America.* Duke University Press, 1994.
Yancy, George. "Interview with Angela Y. Davis". Naomi Zack (ed.). *Women of Color and Philosophy.* Blackwell, 2000.
杉浦勉「わたしたちのなかにある小さきひそやかな声——ラティーナ・アイデンティティの提携ポリティクス」、杉浦勉・鈴木慎一郎・東琢磨編『シンコペーション——ラティーノ／カリビアンの文化実践』エディマン／新宿書房、二〇〇三年。

ミシェル・フーコーの霊性

書き下ろし、未完・未定稿（二〇〇八年一月）

1

ミシェル・フーコーが一九七八年一月から四月にかけて実施したコレージュ・ド・フランス講義は、「安全・領土・人口」と題されていた。[1]冒頭、フーコーは今年度の講義テーマをかつて「生権力と呼んだものの研究」として提起し、それは「ヒトという種における基本的な生物学上の特徴が、ある政治の内部に入りこめるようになるにあたって用いられる、さまざまなメカニズムからなる総体」のことであるとのべている。そして「権力とはいくつもの手続きからなる総体」である以上、「諸関係と権力メカニズム」は相互的に「原因にして結果であるという循環的な関係」を構成すると規定している。こうして講義全体の前半では「安全装置の一般的特徴」という枠組を設定したうえで、近代国家権力における「統治性」の問題に照準して論じ始め（「「統治」の問題は十六世紀に突如として出現する」)、統治性の生成にかかわる三つのモデル、すなわちキリスト教的司牧制、新しい外交的・軍事的技術、さらに「統治術と同時代に形成された一連の道具」としての「内政」を介して、その権力論の核心にある「国家の統治性化」という事態は出現し得たと概略をのべている。

しかし、二月八日におこなわれた通算では五回目にあたる講義において、おそらく自身の体調不良による講義の進行の不手際という状況も重なって、講義の目標はキリスト教司牧制に関わる問題へと大きく焦点をしぼってゆくように見える。この日から四回にわたる講義はほぼ全面的にこの主題に傾注されており、なかでも第八回(三月一日)の講義は当該年度全十三回のなかで、長大さにおいても議論の内容においても圧倒的な密度をもつ講義であったといってよいだろう。逆に「講義要旨」において、実はこのテーマにあまり力点が置かれていないのが不自然なほど、キリスト教司牧制に関する講義は入念に準備されたように感じられる。こうした事実は、この時期のフーコーがキリスト教圏の歴史や文化がむしろ潜在的にはらんでいた、「魂の統治技術」という権力メカニズムと相関すると思われる霊性や神秘思想といったテーマに特別な関心を寄せていたのではないかとの推測をひき起す。フーコーの霊性論は同じコレージュでの八二年講義「主体の解釈学」において、さらに時代を遡求させて詳細かつ壮大に展開されることになるが、権力論の構成の基礎に司牧神学のテクノロジーを位置づける思考には、すでに全体の構図のなかで、このテーマがもつ重大さが慎重に意識されているからだ。

ひとつの根拠として、実際に編者スネラールも七八年講義の「講義の位置づけ」で触れているように、当時フーコーはイスラーム圏で進行していた諸革命に強い関心を抱き、同年秋には二度にわたってイランを訪れ、ルポルタージュのために取材をおこなっており、イスラーム世界の「霊性」に深い共感を抱いた事実を率直に表白している。のちにイラン革命の欺瞞性が明らかにされて左右の陣営から激しい批判にさらされることになるが、まさにこの時期、フーコーは繰返しイスラームの霊性を語っていた。変死したシーア派の知識人で、シーア派の真の意味を「社会正義と平等の教え」にもとめることを説いたアリー・シャリーアティーの名に言及し、そこで展開される「政治的な生に霊的な次元を導入することを可能にする運動」を賞讃し、「政治的霊性」について熱意をこめて書いている。[2] さらに別稿では六八年五月のチュニジアにおける学生ストライキに触れつつ、野心なき自己犠牲への可能性を「神話や霊性の必要性を証拠立てるもの」として言明している。[3] もうひとつはやはり七八年におこなわれた日本滞在のとき、禅僧の大森曹玄との間で交わされた対話である。[4] ここでは大森の方から、神秘主義にたいするフーコーの関心が質されており、禅と神秘主義の関係について意見をもとめられたフーコーは、自身のいう「神秘主義」はキリスト教的なもので、それは禅とは根本的に異なると応えている。そのうえでキリスト教霊性について、そこでは「おまえが何者であるか、私に語れ」という文言に要約される個別化への探求がつねに企てられているとしているが、これがその権力論の根源にある魂の統治としての真理のテクノロジーに結びつくのは説明するまでもないだろう。そしてフーコーはいう、

キリスト教神秘主義は、神と個人との合一を説く地点においてさえ、何かしら個的なものが残ります。というのも、それが神と個人との愛の関係だからです。一方は愛する者であり他方は愛される者です。キリスト教神秘主義は、つまるところ個別化をめざすものです。

2

フーコーは『安全・領土・人口』のなかで、人間の統治という理念が古代ギリシアにおける発想ではなく、キリスト教誕生前後の東方に起源をもつとしている。そのうえでそれが実践されるために考案された方法として、「司牧的なタイプの権力という考え方、組織という形で」、及び「良心の指導や魂の指導という形で」検討されると分類した。前者の場合をフーコーは「司牧的権力」と名づけているが、ここで司牧とは「神と人間とのあるタイプの根本的関係であって、王は、神と人間たちとの関係というこの司牧的構造に、いわば参与している」という構造をなして

いる。とりわけヘブライ人たちにおいて、牧者の権力は「群れにたいして行使される」事実を特徴として生成し、そこから司牧的権力とはまず第一に「動く群れにたいして行使される権力」と定義される。

第二に、この権力は「根本的に善行を旨とする」特徴をもつとフーコーは指摘する。司牧的権力に備わった本質的な目標が「群れの救済」であるならば、それは「扶養の義務・任務」において明確に現われる、したがってそれは「その熱心さ、献身、かぎりのない専心」によって明瞭に実現されねばならない。その一方で牧者は群れに奉仕し、対象との媒介として食糧と救済を義務として負うのであるなら、そこで意味されるのは、この権力は「それ自体としてはつねに良い」との結論に導かれるだろう。以上のふたつの特徴から司牧的権力について指摘できるのは、それが「目的づけられた権力」であるということである。そして第三に、これは「個人化をおこなう権力」であるとの特徴がある。そこには「全体にかつ個別に」というこの司牧における権力技術の重大な問題とともに、「ひとつのために全体を犠牲にすること」といういわば逆説的な問題も表出する。いいかえると、それは「逆説的な等価性において全員と各人とを同時に目標とする権力」であると同時に、「全体が形成する上位の単位を目的とはしない権力である」ことになる。それゆえに古代ギリシア－ローマの思考とはまったく異なる司牧的権力のこのような特質こそ、キリスト教会が媒介者として西洋世界へ導入したものであったとフーコーは言明している。ここに西洋人たちが数千年にわたって学んできた真理、すなわちかれ／彼女は「羊たちのなかにいる一頭の羊だ」という思考を見出すことができるのであり、「自分のためにわが身を犠牲にしてくれる牧者に救済を求める」というこの権力形式は、「牧羊の側、牧羊と見なされた政治の側で誕生した」のである。

こうして、「人間たちに行使される特有のタイプの権力の中心点として」の司牧の歴史は、キリスト教、より正確にはそれが「救済を口実として現実の生において人間たちを日常的に統治し、それを人類規模でおこなうと主張する宗教」が組織された形態としての「教会」とともに始動してゆく。いうまでもなく、キリスト教の組織制度としての教会は、紀元後二、三世紀から十八世紀（フーコーはこれに留保をつけている）へ至るまで継承される。だがいずれにしても「キリスト教会のみならず、キリスト教世界を（つまり西洋世界全体を）十三世紀から十七、十八世紀に至るまで貫いた闘争はすべて――すべてではないにせよ、その大部分は――司牧的権力をめぐる」、まさにそれに関する闘争であった。そこで提起された問題とはこのようなものだとフーコーはのべている、

＊人間たちを統治する権利を実際にもっているのは誰か

＊日常生活において人間たちを（かれらを実存せしめる細部や物質性において）統治する権

利を実際にもっているのは誰か
*誰がこの権力をもっており、その者は誰からそれを受け継ぎ、どのように行使するのか
*各人に残されている自律の余白はどのくらいか
*この権力を行使する者たちの資格はどのようなものか
*かれらの権限の限界はどこにあるのか
*かれらに抗して使える頼りの綱はどのようなものか
*これこれの者たちがしかじかの者たちにたいして及ぼす制御はどのようなものか

以上のような問いの闘争を通じて表現されるもの、それは特定の人びとが特定の人びとにたいして実践する「統治(日常的統治、司牧的統治)のゲーム」が司牧的権力をめぐる思考の核心を構成していた事実と対照をなす。それによって、キリスト教会において牧者とは神と人間たちとの「根本的、本質的な関係」、「他の関係をすべて包みこむ関係」を形成し、つづいて「それ自体の法・規則・技術・手法を備えた司牧において制度化されるタイプの関係」ともなる。具体的にはそれはキリストから司教、司祭にいたる教会組織が司牧制をとり、教会が保持する諸権力は、「群れにたいする牧者の権力」として与えられる事実に象徴されるだろう。それはまた、宗教権力としての司牧的権力でもある。

3

司牧を西洋キリスト教社会が作動するメカニズムの中心点として位置づけるフーコーは、近代国家の政治的本質を構成する統治性が起源をもつ「人間たちを統治する術」として、さらに司牧をとらえなおす。そして司牧と宗教的条件としての救済、法、真理との関係を通じて、「牧者は救済へと導き、法を命じ、真理を教える」との基本原則を規定する。そのうえでキリスト教的司牧が組織した審級として提示されるのは「純粋な服従」であり、「一単位となるタイプの操行、高く評価される操行としての服従」である。ここでキリスト教司牧にとって固有なものとは、「羊と羊を導く者との関係」における「全面的依存」という性格にほかならない。なぜならそれは、あくまでも「ある個人の他の個人にたいする服従関係」であり、いいかえると「この厳密に個人的な関係（導く個人を導かれる個人に相関づけること）は、キリスト教的服従の一条件であるのみならず、その原理自体」をなすからである。要するにキリスト教徒にとって服従とは、「何者かへの依存状態に全面的に身を置くということ」が原則として要請され、さらには「それが何者かであるということが、そのように何者かに依存する理由」になっている。このようにして司牧は「法の一般的原則にたいして、個人対個人の服従の一大実践を出現させている」のである。けれどもキリスト教における牧者の行動様式が個人化されているというとき、それは「私なるものを肯定すること」を通じて実践されるのみならず、むしろ「私なるものの破壊」をも内包するとフーコーはいう。

これについては「真理」の問題に関連しても考察されるように、たとえば牧者に課される「良心の指導」において、次のような主たる特徴をもっている。第一にそれは「つねに本人の意志に基づいているわけではない」、第二に「まったく恒常的になされる」、そして最後に「個人に自己統御を確保する機能をもたない」ということ。その本質にあるのは、人は「自分で良心を検証にかけるのは、他の者への依存関係をさらにしるしづけ、さらに深くつなぎとめる」という戦略である。それゆえにキリスト教的司牧を根本的に特徴づけているのは、「救済という問題をその一般的テーマ設定においてとらえ、その包括的関係の内部に功徳の一大エコノミー（循環・転移・反転の一大技術）を滑りこませるという形成をとる権力」にほかならない。

しかし、フーコーはここから、自身のいう「統治性」の契機となるモチーフをキリスト教的司牧における個人化の特性へと節合させる方向へ向かう。そこでこの個人化を構成する三つの定義、「功徳と罪過のバランス・働き・流通を定義づける（…）分析的同定に関わる」、「隷従の一大ネットワークによって働く」、そして「内面の、秘密の、隠された真理の生産によって獲得される」という主体化の手続きを提示している。こうした段階から要約できるのは、「司牧の歴史には西洋における人間の個人化手続きの歴史全体が関わっている」という事実であり、つづけてフーコーはいう、「これが主体の歴史なのです」。司牧が「統治性」の契機となりえたのは、そこで構成される主体とは、「功徳が分析的なしかたで同定される主体、服従の連続的ネットワークにおいて隷属させられる主体、自分に課される真理の抽出によって主体化される主体」ということだからである。

4

三月一日の講義の冒頭において、司牧の特徴をなす「さまざまな技術や手続きからなる総体」をめぐって、あるギリシア教父は「魂のオイコノミア」と呼んだということをフーコーは指摘している。古代ギリシア人にとっては「家族の経済」を意味した「オイコノミア」を司牧制における「すべての魂の救済」という問題と関連づけて、フーコーはこれに他者を「操り誘導する」活動、及び「自己操導するやりかた」という両義性を含ませた「魂の操行」という訳語をみずから与えている。そしてこれこそが「キリスト教的司牧が西洋社会に導入した根本的な要素のひとつ」であると断定している。

ところでオイコノミアという用語について、ジョルジョ・アガンベンはフーコーにおける「装置」（dispositif）という用語をめぐって探究したある論考のなかで、きわめて重要な洞察をのべている。[5] なぜギリシア教父たちはオイコノミアという用語がもつ実用的な意味から離れて、神学においてそれに決定的な意味をになわせるようになったのか。キリスト教会の初期に三位一体論が議論の対象となったとき、一部の神学者たちはキリスト教信仰の一神教的性格が侵犯されるのを恐れ、このように考えたとアガンベンは代弁している、「善い父はいくつかの機能、いくつかの務めを息子に委ねつつも、だからといって自分の権力、自分の単一性を失うことはない。それと同じように、神はキリストに人間の歴史の「エコノミー」、管理、統治を委ねる」。ここからオイコノミアは、「〈子〉の受肉」、そして「贖罪と救済のエコノミー」を意味するように特定されてゆく。「神学のロゴス」と「エコノミーのロゴス」は次第に区別され、結果としてオイコノミアは「三位一体の教義」及び「摂理に基づく神の世界統治という理念」がキリスト教信仰へ導入されるときの「装置」となった。しかし、神学者たちが排除しようと企てた断絶は、「神において存在と行動を、存在論と実践」を分裂させるという形態で再現されることになる。すなわちエコノミー／オイコノミアとしての行動は存在のなかに「いかなる基礎ももたない」。これが「オイコノミアに関する神学的教義が西洋文化に遺贈した分裂である」とアガンベンは要約する。

つづけてアガンベンは、ラテン教父たちがこれを「処置」（dispositio）と翻訳したと指摘し、この用語が神学的な文脈において形成した「複雑な意味の圏域全体を一身に引き受ける」にいたり、したがってフーコーの「装置」は「この神学的遺産に接続されている」とのべている。しかもこの神学的系譜は（前述の）断絶へと引き戻すことにもなるという、すなわちそれは「神において存在と実践を分割するとともに結びつけ、一方の本性ないし本質と、他方の神が被造物の世界を管理し統治するにあたって用いる操作、この両者を分割するとともに結びつける」という断絶である。アガンベンは「装置」と「処置」、さらにハイデッガーにおける「集め立て」（Gestell）との近接関係に言及したうえで、これらが意味づけているオイコノミアとは、「人間の振るまい・身振り・思考を、有用だとされる方向に向けて運用・統治・制御・指導することを目標とする実践・知・措置・制度の総体」であると要約している。フーコーは七〇年代後半から、「装置」を統治性のテーマと連動させて探究していたともアガンベンはのべているが、その展望にはとりわけ霊的な次元におけるオイコノミアの問題が潜在していたとも考えることができる。

フーコーがオイコノミアに言及しているのはこの年の講義ではまったくこの場面だけであるけれども、しかしここから、キリスト教化の過程にともなって発生した「外的障害」ではなく、そこで「起り得た抵抗の諸点、攻撃や反撃の形式」のいくつかの事例へと議論を転換する。司牧が人間たちの操行を標的とする権力である以上、それと相関的に出現した「抵抗や服従拒否」をフーコーは「操行上の反乱」と呼び、まず操行と反操行の間には「直接的かつ創設的な相関関係」があり、次いで「これらの反乱はつねに（ほぼつねに）他の衝突・問題」と関連していたという。そして「操行上の反乱」は中世全体を通じて、階級的な闘争（フランドル、リヨン）にも地域間の経済的な断絶（フス派、聖杯派、タボル派）にも結びついていたが、その一方で聖俗を問わない社会における「女性の地位という重大問題」にも関係していた。フーコーが「女性」を特定して対象とするのはまれなことでもあるので、ここではやや立ち入って論じることにしたい。

この反乱について、フーコーは女性修道院、とりわけ十二世紀ラインラントで出現した「修道女神秘主義と呼ばれる運動」から始まったとしている。「修道女神秘主義」とは、「ラインラントとフランドルにおけるベギンたちの霊性についてドイツの幾人かの学者」が用いた蔑称であると編者注では説明されている。ベギンとは十三世紀に出現した女性宗教運動であり、家庭にも修道院にも属することなく、祈り、手仕事、慈善活動に専心する女性信徒の集団を指すが、仲介者を必要とせずに合一に達することで神聖性に融合することをめざしたという意味では、後述する照明派と共通する部分は少なくない[6]。ロラン・バルトはフーコーの講義に先立つ七七年に同じコレージュの講義で、「ベギン会」について詳しく論じている（二月二日）[7]。バルトのこの年の講義は「イディオリトミー」（ギリシア語のイディオスとリュトモスを合成した造語で「個人的リズム」の意）という概念をめぐって構想されており、それは双数的でも複数的でもなく、「互いの距離を共有するというパラドクス、矛盾、アポリア」として提起され、そこから修道士たちが共住と孤独が併存する「構造の内部で結び合わされた」アトス山の共住修道院へと議論を焦点化してゆく。しかしながらバルトは、ベギンたちの実践についてはあまり関心をひかれなかったらしく、結論部においてそれらの規則の厳格さや位階的な統御を指摘した後で、「神秘神学よりも貞潔（社会共済）に中心をおく」集団であり、ゆえに「服従させられたイディオリトミー」として斥けている。フーコーはこの後で、反操行は中世の女性預言者たちや、「操行（むしろ良心の指導）に関わるサークル」でも実践されたとし、さらにそこへスペインのイサベル・デ・ラ・クルス、フランスのアルメル・ニコラ、マリ・デ・ヴァレ、アカリ夫人らの名も加えている。なかでもイサベル・デ・ラ・クルスは、フーコー講義の編者注ではあるきわめて重要な事実に触れていないが、スペイン神秘主義や異端思想史を語るうえで不可欠の重要人物である。

イサベルは照明派（alumbrados）と呼ばれた神秘主義的な運動における最大の霊的指導者であった。フランシスコ会の第三会（修道院の会則に従って暮す世俗の信者で性別不問）に属する修道女で改宗ユダヤ人でもあったが、一五〇九年頃から、自宅へ信徒を集めて聖書及びその他の霊的著作を講釈し、それによって教会制度の基盤である形式主義や制度化された典礼を拒否する集会を主宰し始めた。彼女らが追求していたのは神との個人的な合一――神なるものとの神秘の合一へ到達すること――であり、そして神が直接その恩寵を人間に授け、人間を神そのものへ変容させる以上、いかなる媒介も必要ではないと考えた。したがって、そこでは聖書の講読、内的な祈りの実践、神への放棄に基づいて「神への愛に自己を放棄すること」、すなわち「放棄」

(dejamiento)と呼ばれる観想の方法が奨励された。照明派は聖俗を問わない領域で信者を獲得してゆくが、やがてそこにキリスト教会にとって容認しがたいふたつの要素が介入している事実が露呈し、異端審問所を動かすことになる。いうまでもなくそのひとつは、この運動が本質にもっていた反キリスト教会の思考であり、実際、照明派の信者たちは教会の典礼には参加し、教会ヒエラルキーにたいする絶対的服従を示したが、儀式においては不動の姿勢を保ちつづけ、制度化された行動には一切応じなかったと伝えられる。そしてもうひとつは、これらのコミュニティで行使された女性の圧倒的な重要性であった。イサベル自身がペドロ・ルイス・デ・アルカラスという、当時カスティーリャ行政の要職にある高官を弟子としたカリスマ的存在でもあったが、照明派のコミュニティの構成員が女性に従順であったのは、彼女たちに教義上の権威としての地位を承認していたからである。照明派には他にも、夫や数人の子らをもちイサベルと親密な関係にあったマリア・デ・カサーリャ、キリスト教徒ではあったが貧しい家庭に生れたフランシスカ・フェルナンデスなど、さまざまな背景をもちながら重要な役割を演じた女性たちを見出すことができる。しかしフーコーのいうように、それらを司牧権力との関係における「女性の地位」の問題としてだけ理解するには無理があるだろう。

5

ではなぜ、司牧の内的危機は中世の早い時期から反操行によって開かれていったのか。その第一の要因は、「さまざまな司牧的技術・手法のきわめて複雑な絡みあい、ひじょうに厳密かつ濃密な司牧の制度化」であった。次にここから、この制度化を特徴づける「二項性」として、司牧の領域内部へ「聖職者と一般信徒を対置する二項的な構造が形成される」ことになり、それによって「中世キリスト教はすべて（カトリックは十六世紀以降）、ふたつのカテゴリーの個人が存在する」という特徴をもつことになる。こうした二項性の存在によるキリスト教共同体の不安定な状況が反操行のモチーフとして浮上し、と同時に聖職者へは秘跡という権力を付与する結果をもたらしたのである。司牧的操行と反操行との間に形成された関係の歴史から生じた後者のすべての形式は、司牧的権力が介入の目標とした領域、すなわち一部にせよ全体にせよ「救済・服従・真理のエコノミーにおいて」、司牧的権力の「再配分・反転・解消・失格」を企てようとした。フーコーはここから反操行にとって重要な五つの形式、修徳主義、共同体、神秘主義、聖書、終末論的信仰について議論を進めてゆく。

修徳主義はとりわけフーコーが力点を置いて検討している形式であり、キリスト教の本質ともみなされるこの思想は、初期の修道生活やエジプト、シリアでの隠修の過剰にたいする抵抗として発達した。位階化された修道院において修道士にたいして要求される最終的な犠牲とは他者への服従であったが、これにたいし、修徳とは何よりも「自分で自分についておこなう訓練」を挑発することであり、いわば誘惑を消去するのではなく、統御する地点へ到達することが理想とされる。そして最終的には、それは身体(つまり物質)の拒否、またはキリストの身体との同一視へと向かう。この結果、恒常的な服従や謙譲、個人の操行から世界を排除することといった司牧の構造と修徳主義の構造とはまったく相容れないものであり、キリスト教とは「根本的に反修徳的」な宗教であるとフーコーはしている。修徳主義はキリスト教史を通じて、闘争の要素または「部品」として導入されてきたが、「キリスト教神学や宗教的経験のいくつかのテーマがこの部品を使うことによって」キリスト教権力に対抗するようになってゆく。

しかし、五つの形式のなかでも神秘主義に関するフーコーの考察は、さまざまな刺戟的な示唆に富んでいる。反操行の第三の形式としてフーコーが提示する神秘主義は、「司牧的権力を定義上逃れる経験にたいして特権が付与される」事例として、この権力が発達させ、そして「真理の教えから個人の検証へ」と回路づける「真理のエコノミー」とはまったく異なるエコノミーを内包する。そこでは魂とは「検証や一大告白システム」によって他者が「見る」ものではなく、「魂は魂自体を見る」のであり、「神においてみずからを見、みずからにおいて神を見る」という構造をもっている。したがって神秘主義はあらゆる意味においても、魂の統治技術としての

「検証から逃れる」のである。次に「神が魂に直接に啓示する」経験が神秘主義の本質であるとすれば、前述した「教えの構造」、すなわち「真理を知る者から真理を教わり伝達する者へ」という真理の伝導の回路からも逃れる。この位階はすべて、神秘体験によって短絡させられるからである。さらに神秘主義は、「無知から認識へと進む」教えの過程とは異なり、その「道は夜と昼、闇と光、喪失と再発見、不在と現前といった交替の働き（たえず反転する働き）を通過する」。一方でそれは「まったく両義的な経験から出発して、まったく両義的な経験の形式において」、いわば一種の両義性＝曖昧さにおいて展開されるのであり、だからこそ「無知はひとつの知であり、知は無知という形式自体」をもつのに等しい。これは司牧制において前提とされた「牧者による魂の指導」からはきわめて遠く離れた思考であり、神秘体験における「合一」の様態に表出されるように、神秘主義には神と魂の「直接的な」交流もあれば、「神から魂へ、魂から神への愛の表明」という形式をとる場合も存在するのである。

フーコーは七五年のコレージュ講義においても、カトリック神秘主義について言及している(8)。この年の講義は、「異常者たち」として制度やメカニズムの多様な相関関係のなかから生れた人物及びその類型をテーマとしているが、神秘主義が登場するのは霊の指導技術における良心の検証と肉との関係をめぐって、議論が入っていった回である（二月二十六日）。その前の回で、フーコーは「宗教改革からトリエント公会議を経て魔女狩りに至る」時代を「根本的なキリスト教化の時代」と規定し、そこでは悔悛の秘跡の枠組がトリエントにおいて公式に確定、継承され、さらにそこへ悔悛をめぐる「言説と究明、分析と管理」をになう巨大なメカニズムが発達する。それによって「真理の産出」としての告解が一般化されると同時に聴罪司祭の権力も顕示的に強化され、まさにここに魂の統治技術としての司牧神学が確立し、発展への過程に進んでゆく。ここで出現する司牧神学の新しい機能は、「身体のなかの魂、及び快楽と欲望をもつ身体にかかわるテクノロジー」であり、これがそのまま、カトリック神秘主義がその根源にもっていた「霊」の指導の技術と「肉」のテーマという構造へ流れこむと考えてよいだろう。それは上層部において、神秘主義という形式の出現を可能とするが、下層部においては神秘主義のメカニズムを基盤としつつ、それとは異なる進展をたどる三つの現象、悪魔憑き、痙攣、超自然的出現を描き出す。とりわけ、時代的にはほぼ平行する魔女の物語が、「新しい」キリスト教化によって形づくられる「外的な境界」に位置づけることのできる「周辺的」な現象であるのにたいし、フーコーは「悪魔憑き」については綿密に検討を加えており、それは教会による新たな管理と権力のメカニズムによる「内的な結果」であると区別する。つまり「憑かれた女」が出現するのは、「キリスト教が管理と言説による強制的な個人化のメカニズムを機能させよう」と企てた時点、あるいは講義の主題である統治性の契機としての司牧的権力が個人に及ぼす管理と監視のメカニズムの強化を通じて、個人を「主体化される主体」として生成する新しい段階に入った時点と符合する

ことになるだろう。（未完）

（1）同講義からの引用は以下による。『安全・領土・人口　ミシェル・フーコー講義集成７』高桑和巳訳、筑摩書房、二〇〇七年。

（2）「イラン人たちは何を考えているのか？」高桑和巳訳、『ミシェル・フーコー思考集成VII』、筑摩書房、二〇〇〇年。ただし、邦訳で「精神」としてある語については文脈に応じて「霊」に変えてある。以下同。

（3）「ミシェル・フーコーとの対話」増田一夫訳、『ミシェル・フーコー思考集成VIII』、筑摩書房、二〇〇一年。

（4）「M・フーコーと禅」佐藤清靖訳、『ミシェル・フーコー思考集成VII』。

（5）「装置とは何か？」高桑和巳訳、『現代思想』二〇〇六年六月号。

（6）ベギン及び照明派に関しては以下を参照した。Adelina Sarrión. *Beatas y endemoniadas. Mujeres heterodoxas ante la Inquisición. Siglos XIV a XIX.* Alianza, 2003.; Mary E. Giles (ed.). *Women in the Inquisition. Spain and the New World*, Johns Hopkins University Press, 1999.『キリスト教神秘思想史３　近代の霊性』上智大学中世思想研究所翻訳・監修、平凡社、一九九八年。

（7）『いかにしてともに生きるか　ロラン・バルト講義集成１』野崎歓訳、筑摩書房、二〇〇六年。

（8）『異常者たち　ミシェル・フーコー講義集成５』慎改康之訳、筑摩書房、二〇〇二年。

杉浦勉（Sugiura, Tsutomu）
一九五三年―二〇〇八年。
スペイン語圏文学・文化研究。東京外国語大学教授。
編著書に、『ポストフランコのスペイン文化』（水声社、一九九九年）、『シンコペーション――ラティーノ／カリビアンの文化実践』（共編著、エディマン／新宿書房、二〇〇三年）。訳書に、アレホ・カルペンティエル『光の世紀』（書肆風の薔薇［水声社］、一九九〇年）、同『追跡』（水声社、一九九三年）、フェルナンド・デ・ローハス『ラ・セレスティーナ』（国書刊行会、一九九六年）、『ルイス・ブニュエル著作集成』（思潮社、二〇〇六年）。

編集付記

二〇〇八年七月二十一日、本書の著者・杉浦勉さんが急逝された。『未来』誌への連載を中心とした本書の構成は、著者の生前からの単行本出版企画として練られていたものであり、その時点ではさらに再構成・加筆したうえでの上梓を期していたが、叶わぬこととなった。いまあらためて、ご遺族の許諾のもと、また関係者の協力を得て、著者の重要な仕事のひとつとして本書を世に送る。書籍化にあたり、注の整序、書誌情報の整理、表記の統一、引用箇所の修正を最小限の範囲で施しているが、原則的には初出媒体での掲載原稿のままである。また、掉尾に収録したフーコー論は、本書用の準備原稿として二〇〇八年一月に編集子が受け取った未完・未定稿だが、当初の構想では本書の重要な位置を占める論考になるはずだったことを鑑み、併録する。

なお、本書最終頁に掲載した文章は、「杉浦勉さんを偲ぶ会」（二〇〇八年八月十二日）の際に制作されたリーフレットに、音楽プロデューサー、キップ・ハンラハン氏がニューヨークから寄せたものである。日本語訳は浜邦彦氏による。杉浦さんを偲ぶ言葉としてこれ以上のものはないだろう。

(d.n.)

霊と女たち

［著者］　杉浦勉

二〇〇九年七月二十一日　初版第一刷発行

［編集］　中村大吾
［編集協力］　小柳暁子
［校閲協力］　柳原孝敦
［装幀］　間村俊一
［写真］　港千尋
［発行者］　丸山哲郎
［発行所］　株式会社インスクリプト
東京都千代田区神田神保町一―一八―一―二〇一　〒一〇一―〇〇五一
電話〇三―五二一七―四六八六　ＦＡＸ〇三―五二一七―四七一五
info@inscript.co.jp　http://www.inscript.co.jp/
［印刷・製本］　株式会社厚徳社

ISBN978-4-900997-24-0　Printed in Japan

落丁・乱丁本はお取り替えいたします。定価はカバー・帯に表示してあります。

惜しまれる男だ。ボルヘスの登場人物のようにエレガントで、バジェーホの詩のように複雑で、インファンテの本のようなユーモアの持ち主で、彼は、ぼくが日本を訪れ、彼に会うたびに、その旅をいっそう楽しいものにしてくれた。僕は毎回、彼に会うのを楽しみにしていた。彼のあれほどフォーマルな外見とマナー、仕事のしかた、それに、とても静かでおかしみのある一面が、お酒が入ると、いっそうブリリアントで面白くスマートな教授の、友人の、詩人の、ファンの、仲間の顔へと変わってゆくのは、実にすてきだった。そして格式ばった堅苦しさが消えても、彼は決して、一度だって品位を失うことはなかった！　その品位とともに、彼のエレガントな知性が、いつまでも輝きを放っていた。彼が逝ってしまったことが、残念でならない。ぼくは彼の不在を、深く悲しむことになるだろう。
いつわらざる、本当の気持ちだ。

キップ

Man, he will be missed. Having the elegance of a Borges character, the complexity of a Vellejo poem and the humor of a Infante book, he made every trip to Japan in which I got to meet him so much even more fun. I looked forward to seeing him each time. It was so sweet as his so formal outside manner and way of doing buisiness, along with very quiet and funny asides, would turn into an even more brilliant and funny and smart professor, friend, poet, fan and companion after a few drinks! And he'd NEVER lose the dignity!—only the formality! And the intellegance, along with the dignity, would shine on and on. I'm so sorry he's gone, I'll miss him deeply.
Everything I said is heartfelt.

Kip